CODICILLE D'OR.

OU

PETIT RECUEIL

Tiré de l'Institution du Prince Chrestien
composée par Erasme.

Mis premierement en François sous le
Roy François I; & à present
pour la seconde fois.

Avec d'autres pieces enoncées en la
Page suivante.

M. DC. LXV.

3

PREFACE.

I L y a plus de mille ans
que le grand St Gregoire escrivoit à Chil-
debert Roy de France,
que son Royaume excelloit autant sur les Royaumes des autres nations, que la dignité
Royale excelle sur les autres
Hommes. Si ce St Pere de l'E-
glise a eu en son temps une opinion
si advantageuse du Royaume de
France, que n'en diroit-il point à
present, qu'il est devenu plus puissant, & plus auguste qu'il n'a jamais esté ?

Mais on pourroit demander d'où
vient que St Gregoire donne une
prerogative si glorieuse à ce Royaume ? Ne pourroit-on point dire,
qu'il auroit entendu parler de l'hu-
meur martiale de la nation Françoi-

A 2 se,

1 En
595.
2 Lib. 5.
Epist. 6.
It. tom. 1.
Concil.
Galliæ.
p. 418.
Quanto
cæteros
homines
Regia di-
gnitas
antece-
dit, tan-
to cæte-
rarum
gentium
Regna
Regni
vestri
profecto
culmen
excel-
lit.

se , & que ce hault comble d'honneur luy auroit esté acquis par sa
valeur ? On ne peut pas demeurer
d'accord qu'il ait eu cette seule
pensée. Et l'histoire nous apprent
assez que, comme les armes sont
journalieres , elles ne nous ont pas
tousjours esté favorables , & que
nous avons assez souvent esprouvé
dans la guerre des disgraces & des
pertes , qui estoient capables de nous
faire descheoir de cette haulte eleva-
tion qui se perpetuë depuis tant de
siecles , si nous n'avions esté sou-
tenus par un autre appui , qui est
beaucoup plus fort & plus puissant
que celuy des armes.

Il fault donc recognoistre que
c'est plustost la bonne & sage conduit-
te de nos Roys qui a contribué à la
grandeur & à la prosperité de cet
Estat, que la vertu militaire. C'est
elle qui a non seulement fortifié, mais
aussi orné de quantité de bonnes loix
ce Royaume ; n'y en ayant aucun
dans

dans l'univers qui soit Reglé par des
ordonnances si justes ni si saintes que
celuy-cy. De sorte qu'on peut dire,
que si la Majesté des Roys de France
a esté amplement honorée par les armes, elle a esté encore mieux armée par les loix, qui ont maintenu
glorieusement avec ordre & police
ce que les armes avoient conquis
heureusement avec force & vertu.

En effet il est aysé de voir que
St. Gregoire ne donne pas tant cet
eloge superlatif au Royaume de France à cause qu'il estoit plus abondant
en peuples belliqueux que les autres,
qu'à cause de sa Foy envers Iesus
Christ, & que ses Roys avoient
les premiers adoré le Fils de Dieu
crucifié, qui les avoit choisis pour
les fils aisnés de son Eglise : & aussi à
cause que la lumiere de son Evangile
leur ayant donné un discernement
particulier du bien & du mal, &
un amour vehement pour toutes les
vertus Chrestiennes & notamment

pour

pour la justice , ils avoient desja
establi dans la France quantité de
lieux saints pour le service & le culte
divin , & policé leur Estat de bonnes & salutaires loix qui y faisoient
regner la justice plus qu'ailleurs,
Sans laquelle , comme dit St Au-
gustin , [1] les Royaumes ne sont
autre chose que de grands bri-
gandages. Est-il à croire qu'un
Père de l'Eglise eust esté contraire à
un autre , & que St Gregoire eust
voulu louër seulement le Royaume
de France d'une puissance , qui la
plus part du temps n'est bonne qu'à
mettre les peuples dans la derniere
calamité , qu'à ravager les provinces , à respandre le sang des innocens , & à exercer les mesmes
cruautés que feroit un Tygre & un
Lyon ? Concluons donc que c'est la
Religion & la justice qui avoient
orné principalement cet Estat , des
le temps de St Gregoire , comme
elles ont fait encore depuis plus amplement,

[1] Lib. 4. de civita-te Dei. cap. 4. Remota itaque justitiâ quid sunt Regna nisi magna latrocinia ? Idem S Cyprianus ad Donatum aliis verbis eleganter exprimit.

plement, & que la vaillance des peuples n'a fait que les seconder & leur prester la main pour les maintenir mieux dans leur lustre & splendeur.

Que si nous voulons chercher une autre cause de la grandeur & excellence du Royaume de France, & par consequent des Roys qui le gouvernent, nous la trouverons dans l'amour singulier de leurs peuples, n'y ayant point de Souverains au monde, à qui les subjects ayent esté plus attachés, ni plus disposez à souffrir toutes choses jusqu'à la mort pour leur gloire & honneur que les François l'ont esté pour leurs Roys. Et c'est cette union cordiale des membres avec le chef qui a tousjours rendu le corps de cet Estat si vigoureux & si florissant. Mais cet amour est encore un effet & une suite de la sagesse, justice & bonté de nos Roys; puis que ce sont ces vertus qui ont gagné les cœurs des peuples, en les persuadant

A 4   que

que leur felicité dependoit du salut
& grandeur de leurs Princes.

En effet qui examinera bien les
differentes vies des Princes de l'univers, il ne trouvera nulle part tant
de vertu, de sagesse, de clemence,&
bonté, que parmi les Roys de France.
Et c'est pour cela que Mess. Nicolas
Oresme Evesque de Lizieux qui a-
uoit esté Precepteur du Roy Charles V, disoit fort bien,[1] que la noble
lignée des Roys de France ne
sçavoit ce que c'est de tyrannie.
Et Gerson [2] parlant au Roy Charles VI, contre quelques flateurs de
Cour qui disoient par raillerie, qu'ils
estoient contents d'estre confesseurs
sans estre Martyrs, Il fault que
vous sçachiés, dit il, [3] que les
Roys de France ne sont pas
des

[1] Lib. de mutatione Monetarum cap. 23. tom. 9. Bibliot. Patr. pag. 676. 677. *Regum Franciæ generosa propago tyrannisare non didicit :* qui est ainsi tourné en la vieille version, *Oncques la tres noble sequelle des Roys de France n'aprint à tyranniser.* [2] In Oratione nomine universitatis, ubi de intentione adulatoris mendacis. tom. 4. pag. 808.

[3] O adulator qui ita loqueris, noris Galliæ dominos non tales esse tyrannos, ut veritatem dicenti martyrium inferant, nec dignus es ut Martyr evadas.

des tirans pour faire fouffrir le
Martire à ceux qui difent la verité : mais vous n'eftes pas auffi
dignes d'eftre Martyrs. *Et encore Comines remarquant* [1] *que*
l'honnefteté & forme de vivre
du Roy Louis XI, fon maiftre,
& les bons termes qu'il tenoit
aux gens privés & aux gens
eftranges eftoit toute autre &
meilleure que celle de Mat-
thias Roy de Hongrie, & de
Mahumet Ottoman Empereur
des Turcs, *adioufte cette raifon,*
auffi eftoit-il tres Chreftien; *qui*
eft autant que s'il euft dit, il eftoit
Roy de France. Le fçavant Grotius
faifant reflexion fur la penfée de cet
ancien qui difoit qu'on mettroit bien
les noms des bons Roys fur un anneau,
l'a appliquée [2] *aux Roys Hebreux, qui*

A 5. *pour*

[1] Lib. 6.
c. 13.
vers la
fin.

[2] In a-
nimad-
verfioni-
bus in a-
nimad-
verfiones.
Riveti ad
art. 14.
pag. 25.

Quod
dixi bo-
nos Principes uni annulo poffe infcribi, dixi de
principibus Hebraicis: & certe non magno ad eorum
nomina fcribenda opus effet annulo. Quod fi etiam
generalius id dixiffem, poteft quilibet è principibus
fibi dicere. Quid vetat è raris nomen ineffe meum ?

pour la plus part ont esté mauvais
Princes. Mais c'est un grand honneur
aux Roys de France , qu'il y ait eu
tant de mauvais Princes non seulement chez les Idolâtres & payens ,
mais aussi dans le peuple de Dieu , &
qu'il y en ait eu si peu dans le peuple
François. Il fault donc conclure de
la bonté de nos Roys comme Comines,
c'est qu'ils sont tres Chrestiens, c'est
qu'ils sont Roys de France , & c'est
que Dieu leur a fait une grace particuliere qu'ils doivent bien cherir &
bien garder , qu'il n'a pas faite aux
autres.

Mais quoi qu'un si grand bien soit
un effet visible de la grace de Dieu ,
il ne fault pas pourtant se persuader
que toutes les lumieres & les vertus
que nos Roys ont euës , leur ayent esté
données par une science infuse , sans
avoir esté auparavant instruits &
exhortés à bien faire. Tous les Roys
sont nez dans l'ignorance comme les
autres hommes , & nul d'entre eux
n'est

n'eſt exempt de ces tenebres interieu-
res dont Dieu a obſcurci l'entende-
ment humain pour punition de la
prevarication du premier homme. Il
fault donc qu'ils ſoient enſeignés dans
leur enfance, eſclairés dans leur ado-
leſcence, excités dans la maturité de
leur aage, & reveillés dans la cadu-
cité de leur vieilleſſe. Et c'eſt pourquoi
on voit tant d'inſtitutions faites de
temps en temps pour les ſouverains,
tant de bons exemples propoſés, tant
de conſeils donnés, tant de Remon-
trances faites de vive voix & par
eſcrit. Les livres de l'antiquité Grecque & Latine en ſont tout pleins, & il
s'en eſt fait quantité de recueils qui
ont eſté trouvez en leurs temps utiles
& agreables. Mais ſi nous avions re-
cherché ſoigneuſement ce qui s'en
pourroit rencontrer dans les Livres
François, ſi l'on avoit ramaſſé tous
les beaux mots de nos Roys, Grands,
Magiſtrats, & celebres Auteurs de
ce Royaume, on n'auroit que faire

A 6   de

de recourir à ces Escrivains estrangers ; & l'on en pourroit asseurément
composer un ouvrage qui ne seroit
pas moins agreable, que tout ce qui
a esté tiré & si souvent repeté des
Grecs & des Latins : mais qui seroit d'autant plus utile, qu'il auroit
plus de force & d'energie parmi
nous, à cause que nostre Politique
estant Chrestienne, elle doit estre
plus persuasive que celle des anciens
payens, & aussi qu'estant puisée
dans nostre propre fonds, elle seroit
plus convenable aux loix fondamen-
tales de nostre Estat, & plus conforme à nos anciennes mœurs & bons u-
sages.

Mais il ne fault pas nous plaindre
tout à fait que nos doctes François se
soient oubliez de travailler en cette
matiere, puis que nous trouvons
quantité d'ouvrages de leur façon
pour l'institution de nos Roys, qui
vraisemblablement ont esté cause de
toutes ces grandes qualitez qu'ils ont
euës

euës pour faire florir cet empire. Et
plus les Roys ont esté capables de le
regir, & plus ils ont agreé ces ouvrages, quoi que souvent ils leurs fussent
inutiles. Mais quand il a esté question d'instruire des jeunes Princes,
on n'a point douté que telles institutions ne fussent tout à fait necessaires,
& qu'on ne les deust recevoir tres
favorablement de quelque main
qu'elles fussent sorties, pourveu qu'elles fussent bonnes.

On ne peut pas nier qu'à present
l'occasion ne soit tres opportune pour
un tel œuvre, & qu'il ne doive estre
tres agreable, puis qu'il doit estre
tres utile. Voici bien tost le temps
qu'il faudra commencer à faire connoistre à Monseigneur le Dauphin
les vertus de ses Peres, & comme
elles ont plus glorieusement couronné
leur chef que les diademes d'or &
de pierreries qu'ils ont portez. Voici
le temps qu'il faudra lui enseigner les
voies qu'il doit tenir pour marcher

A 7   sur

fur leurs pas , & ce qu'il doibt faire
un jour pour ne pas laiffer deperir cet
augufte heritage qu'ils luy ont acquis par leurs veilles & leurs tra-
vaux , mais au contraire pour l'elever tousjours au plus hault degré de
la gloire & fe rendre luy mefme digne fucceffeur de fes ayeulx par fes
belles & grandes actions.

Pour cet effet il n'eft pas à propos
dans les commencemens de charger
fon efprit d'une multitude de preceptes. Il fault arrofer fobrement les
jeunes plantes , & non pas les noyer.
Il fuffit de choifir les meilleurs , &
principalement ceux qui font de telle
confequence , qu'il ne doibt jamais
les oublier. Et peut-eftre qu'entre
ceux qui ont efté donnez par nos Auteurs François , ou qui ont efté defti-
nez par des eftrangers à nos Princes,
il s'en trouvera qui feront de cette
qualité & felon la portée & la capacité de fon efprit. Mais auparavant
que nous en facions le choix , par-
cou-

courons un peu ces ouvrages. Car
s'ils ne sont pas tous necessaires à un
jeune enfant, ils le peuvent estre au
moins aux precepteurs, qui doibvent
tout voir & tout considerer pour s'instruire eux mesmes pleinement des
choses qu'ils doivent enseigner, re-
cueillans comme les abeilles les plus
belles fleurs de ces compositions Royales, pour en former ce miel de l'Escriture sainte, ^r qui donne la science
de reprouver le mal & d'elire le bien.

Il ne fault pas douter, comme il
a esté remarqué, que nos Roys de la
premiere race n'ayent esté fort bien
instruits, non seulement de vive voix,
mais aussi par de bonnes lectures, &
peut-estre par des ouvrages faits expres; mais il s'en trouve peu à present. Car les petits mots d'advis qui
se pourroient recueillir de l'Epistre
de S. Gregoire dont nous avons parlé & des autres suivantes à Childe-
bert; ni aussi ce qui est és deux Epistres de Didier Evesque de Cahors, à
Da-

r Isaiæ
cap. 7.
Buty-
rum &
mel co-
medet,
ut sciat
reproba-
re ma-
lum &
eligere
bonum.

1 En
632.

2 En
646.

En Dagobert Roy de France, & à Si-
gibert son fils Roy d'Austrasie ; ni
tout ce qui se pourroit rencontrer de
semblable és autres Epistres & res-
cripts des Papes & des Prelats aux
Roys de ces temps-là, ne peut pas passer pour des instructions formelles.

Il y auroit plus d'apparence de
prendre pour une espece d'institution
la collection des loix Ecclesiastiques
& civiles faite dans la seconde race
sous le nom de capitulaires de Char-

3 En
769.

4 En
845.

les Magne, & de Louïs le Debonnaire par l'Abbé Ansegise & Benoist le Levite, puis que c'estoient des
regles que les Roys devoient obser-
ver tant en la police de l'Eglise qu'au
gouvernement seculier ; qui est une
des causes que Benoist allegue de sa
compilation en sa preface.

Il fault dire la mesme chose de
l'autre collection des Capitulaires de

5 En
841.

Charles le Chauve, que nous a donnée le Pere Sirmond, mais particulierement de l'Epistre qui y est inse-
rée,

rée, envoiée par les Evesques des Provinces de Rheims & de Roüen, à
Louïs Roy de Germanie en 858.
quand il voulut entreprendre sur l'Estat de Charles son frere, laquelle
outre l'exhortation qu'ils lui font de
se reconcilier avec lui contient plusieurs bonnes & salutaires remonstrances tant pour la police de l'Eglise, que pour le gouvernement d'un
Estat.

Mais les deux veritables Institutions Royales que nous avons de ce
temps-là sont celle de Smaragdus
Abbé de S. Miel au Diocese de Ver-
dun à Loüis le Debonnaire sous le titre de voie Royale, a laquelle celui qui a donné depuis peu l'une &
l'autre au public, [1] attribue les bon- 1 D. Luc.
nes loix & les belles actions de cet Dacherii
Empereur & Roy de France. L'autre ctinus,
est l'Institution Royale faite à spicilegii
Pepin Roy d'Aquitaine fils de Loüis rum Gal-
le Debonnaire par Ionas Evesque liæ &c.
d'Orleans en 828. qui se trouve in-
serée

ſerée pour la plus grande part dans le ſixieſme Concile de Paris, [1] tenu ſous le meſme Louïs le Debonnaire, & Lothaire ſon fils Empereurs & Roys, qui avoient requis les Peres du Concile de leur donner leur advis ſur les fautes qu'ils commettoient au regime de leurs Eſtats, ainſi qu'il ſe voit par leur Epiſtre convocatoire de ce Concile [2] & par la reſponſe des Peres. [3] La derniere de ces deux Inſtitutions a eſté miſe de Latin en François par le S. des Mares.

Nous troûvons dans Hincmar Archeveſque de Rheims [4] pluſieurs Epiſtres qui ſont des veritables inſtructions de nos Roys. Il y en a trois adreſſées à Charles le Chauve; la premiere [5] eſt comment il doit gouverner ſa perſonne & ſon Eſtat. La ſeconde, [6] comment il doit fuir les vices & ſuivre les vertus; dans laquelle eſt inſerée une lettre de S. Gregoire à Recarede Roy des VViſigoths, que Charles le Chauve lui avoit deman-

[1] In part. 2. 2. tom. Concilior. Galliæ.

[2] Pag. 475.

[3] Pag. 478.

[4] Tom. 2.

[5] Pag. 1. Tom. 2.

[6] Pag. 29.

mandée. Et la troifiefme [1] *eft pour*   1 Pag.
l'advertir de reprimer les rapines &   142.
voleries de fes foldats en la guerre de-
fenfive qu'il eut en 859 *contre*
Louïs Roy de Germanie fon frere,
dont nous venons de parler ; auquel
Louïs le mefme Hincmar avec fes E-
vefques fuffragans, & ceux de la
Province de Roüen avoit desja envoïé
l'an precedent la remonftrance que
nous avons remarqué eftre dans les
Capitulaires de Charles le Chauve,
& laquelle fe trouve auffi entre les
œuvres de Hincmar, [2] *ce qui tefmoi-*   2 Pag.
gne qu'elle avoit efté compofee de fa   126.
main. On y voit une Epiftre [3] *à*   3 Pag.
Louïs le Begue fils de Charles le
Chauve avec ce titre, Inftruction
du nouveau Roy [4] *pour la*   4 En
bonne adminiftration de fon   879.
Royaume, *qui eft fuivie d'une au-*
tre [5] *à Charles* III *Empereur pour*   5 Pag.
l'exhorter à donner des gouverneurs   185.
aux enfans du mefme Louïs le Begue
fon Coufin, qui fuffent capables de
les

les bien elever , laquelle porte plusieurs preceptes que ceux qui auroient
cette charge devoient leur enfei-
gner. Il y a aussi une admonition
[1] aux Grands du Royaume pour l'institution de Carloman [2] que du Tillet
dit en sa Chronique avoir esté fils
naturel de Charles le Chauve ,
& neanmoins recogneu pour Roy ,
où il y a pareillement divers preceptes : & est suivie encore d'une autre
[3] aux Evesques du Royaume à mesme
fin.

Les Epistres de S. Bernard aux
Roys Louis le Gros [4] & Louis le Ieu-
ne son fils [5] sont pleines de preceptes &
de remonstrances assez importantes
pour estre mises au nombre des institutions faites à nos Roys. Le grand
nom que ce personnage avoit acquis
dans le monde par la sainteté de sa
vie & de sa doctrine , luy donna une
autorité de maistre que chacun re-
veroit , & à laquelle les Papes & les
Souverains se soumettoient avec respect,

1 Pag.
201.
2 An
881.

3 Pag.
206.

4 En
1110.
5 En
1138.

spect , sans s'offenser de la liberté
Chrestienne qu'il prenoit de reprendre leurs fautes.

Que si la sainteté de ce devot &
sage Religieux a donné tant d'autorité à ses remonstrances , la Majesté
Royale jointe aussi à la saincteté de
Louïs IX , [1] dont nous celebrons la
memoire dans l'Eglise , n'en doit pas
donner moins aux preceptes qu'il
laissa comme par testament à Phi-
lippes III , son fils , [2] qui ne doivent
pas estre une institution pour luy seul,
mais encore pour tous les Roys de
France ses successeurs , aussi bien que
la vie & les actions exemplaires de
ce saint & vertueux Monarque.

Nous pouvons , ce semble , mettre
assez raisonnablement avec les Institutions Royales de nos Auteurs
François le livre du regime des
Princes fait par Gilles de Rome de
la maison des Colonnes , quoi qu'es-
tranger , puis que non seulement il a
esté Archevesque de Bourges , [3] mais

6 En 1227.

2 En 1271.

3 V. Bellarm. de Scri- ptorib. Eccles.

aussi

22

IV. la Bibliotheque Chronologique du P. Labbe Jesuite.

2 En 1286.

3 En 1364.

aussi Precepteur de Philippe le Bel, pour lequel vraisemblablement il composa ce livre. Du Verdier remarque en sa Bibliotheque qu'il fut mis en François en 1517.

Quoi que le traitté de la mutation des monnoies de Mess. Nicolas Oresme Evesque de Lizieux & qui avoit esté Precepteur du Roy Charles V, semble avoir esté fait pour le subjet particulier dont il porte le titre, neanmoins il ne fault point hesiter de le mettre au nombre de nos Institutions Royales, contenant beaucoup de notables instructions propres à un Roy de France, pour laquelle raison l'auteur le dedia au mesme Roy son disciple, qui profita si bien des leçons de ce digne Precepteur, qu'il a merité le surnom de sage, que nous luy donnons encore à present. Ce traité a esté mis autrefois en François, mais il se trouve seulement escrit à la main.

La celebre remonstrance que Gerson,

fon , Chancelier de l'Eglife de Paris,
fit au nom de l'Vniverfité au Roy
Charles VI. en prefence de M. le [1] En
Dauphin *& de toute la Cour , me-* 1380.
rite pareillement d'eſtre miſe au
meſme rang. Il ſuffit de lire ce qu'en
a eſcrit Meſſ. Iuvenal des Vrſins Ar-
chevefque de Rheims en ſon hiſtoire
de Charles VI, ſous l'année 1405.
que Si on euſt voulu garder le
contenu en icelle en bonne
police & gouvernement du
Royaume les choſes euſſent
bien eſté. Mais on avoit beau
prefcher, *dit il,* car les Seigneurs
ñ ceux qui eſtoient entour eux
n'en tenoient compte, & ne
penſoient qu'à leur profit particulier. *Elle fut prononcée par*
l'auteur en François, & ſe trouve
ainſi imprimée en vieilles lettres Go-
thiques; mais il la mit depuis en La-
tin , comme elle eſt dans ſes œuvres.

Vers ce meſme temps, ou peu   2 Part.
auparavant, Nicolas de Clemangis, 4. pag.
[1] Docteur   783.

1 Fl. an. 1417 tempore Concilii Constantiens.

2 Impr. en 1613. in 4.

3 C'est la 137. & derniere.

4 De lapsu & reparatione justitiæ.

¹Docteur fameux de la Faculté de Paris & Archidiacre de Baieux, qui desiroit fort la reformation de l'Eglise, escrivit à cette fin une Epistre exhortatoire au mesme Roy Charles VI, qui est la premiere de ses œuvres, ² & quelques autres en suite, où il y a de bonnes instructions. Mais celle qu'il escrivit au Roy d'Angleterre ³ pour l'exhorter à la justice & à toutes les vertus dignes d'un Souverain, ne peut passer que pour une institution precise, & Chrestienne, & Royale; comme aussi le Livre ⁴ de la cheute & reparation de la justice, qu'il adressa à Philippe Duc de Bourgogne.

Il fault tousjours recevoir les bons conseils de quelque part qu'ils viennent. C'est pourquoi nous ne feindrons point de faire icy mention du Tresor de la cité des Dames que Christine de Pise composa pour la conduite des femmes de toutes condicions, mais particulierement pour

pour les Reynes & Princesses, où il
y a plusieurs bons advis pour gouverner doucement un Estat. Aussi es-
crivit-elle en rimes un Livre appellé
Le chemin de long estude, où
est escrit le debat esmeu au parlement de raison pour l'ele-
ction du Prince digne de gouverner le monde, qu'elle dedia
au Roy Charles VI, & qui depuis
fut mis en prose, comme il est remarqué par du Verdier.

Les Memoires de Philippe de Comines qu'on peut appeller le veritable precepteur des Roys, sont si pleins
de discours & d'advis importans
pour le gouvernement d'un grand
Estat, que c'est une institution ge-
nerale pour tous les Souverains, que
pas un d'eux ne devroit ignorer.
Mais le XVIII Chapitre du V Livre
est si excellent & si admirable, qu'on
devroit le faire apprendre par cœur
à tous les jeunes Princes comme leur
catechisme du gouvernement Chrestien.

B

tien. Il faut pourtant que le precepteur d'un jeune Prince, qui ne
doit inspirer dans son ame que des
exemples innocens, lui fasse entendre
la difference qu'il y a entre les leçons
de Comines, & les actions de celui
dont il descrit la vie. Toutes les maximes de cet Historien sont non seulement tres Chrestiennes, mais tres
sages pour conduire les grandes affaires & les faire bien reüssir; & elles ne
sçauroient jamais estre trop recom-
mandées à un jeune Monarque. Mais
il n'en est pas de mesme des actions
de Loüis X I, [1] qui ne doit pas estre
suivi en toutes choses. Comines dit
qu'il estoit d'un grand sens & qu'il
s'appliquoit fort à ses affaires : & en
cela il doit estre imité. Mais il avoit
d'ailleurs de grands deffauts, lesquels quoi que Comines tasche d'ex-
cuser pour l'affection qu'il lui portoit
comme à son maistre & bienfaicteur,
neantmoins il ne peut si bien les pal-
lier, qu'ils ne soient tres visibles ; &
qui

[1] En
1461.

qui font tels, que comme nous avons
remarqué que les Roys de France eftoient plus accomplis en justice & en
bonté que les autres, il n'y a pas lieu
de mettre Louïs XI au nombre de ces
bons. De sorte qu'il est expedient de
faire connoistre ces defauts, afin que
le Prince se garde d'y tomber. Il seroit
bon qu'un Precepteur Royal en faisant
voir à son disciple les exactions & les
duretés de ce Roy, que Comines mesme
ne s'est pû empescher de toucher, il luy
proposast en mesme temps la bonté &
la douceur du Roy Louïs XII, & comme
le premier fut autant haï que l'autre
fut aimé; & qu'encore aujourd'hui
quand on veut parler en France d'un
Roy dur & fascheux, on nomme Louïs
XI, & quand on veut parler d'un bon,
on donne pour exemple Louïs XII:
qu'on appelle le Pere du peuple, qui est
le plus illustre titre dont un Roy puisse
estre honoré. Pour cela il seroit à propos de faire lecture à un jeune Prince
de la comparaison ou plustost de l'op-
position qu'a escrite Mre Cl. de Seyssel

de ces deux Roys dans son histoire de
Louis XII, qui dit que le regne du
premier estoit aussi different du
dernier, comme l'empire de
Domitian l'estoit de celui de
Trajan. Il faut sur tout luy faire re-
marquer que comme Louis XI s'estoit
estudié pendant sa vie à se faire craindre de tous, par un secret jugement de
Dieu il tomba sur la fin de ses jours
dans des frayeurs extraordinaires non
seulement des personnes estranges, mais
aussi de ses proches & même de son fils.
Ce seroit prevariquer de ne pas marquer les vices mêlés avec les vertus
qu'on veut faire imiter. C'est pourquoi
je croi estre encore obligé de dire qu'il
sera bon de ne pas laisser façonner l'e-
sprit d'un jeune Prince à qui Dieu auroit donné une ame tendre & portée à
la pieté, de la devotion exterieure de ce
Roy, que Seyssel remarque avoir esté
plus superstitieuse que religieuse
& d'un homme qui sembloit
quelquefois plus blessé d'enten-
dement que sage. Car nous voulons

un

1 Pag. 79 & suivantes de l'edition de 1615. in 4.

2 Pag. 93.

un Prince qui ſoit doué d'une pieté
maſle & non feminine, qui ait un
veritable amour de Dieu en obſer-
vant ponctuellement ſes commandemens, dans leſquels il trouvera tous
les devoirs d'un bon Roy enfermez, il
y apprendra les deux preceptes invio-
lables de la charité Chreſtienne,
dont le premier oblige un Roy comme un autre à aymer & ſervir Dieu
de tout ſon cœur, & par conſequent
à procurer ſon honneur & ſa gloire
dans ſon Eſtat, en banniſſant loing
de lui & de ſes ſubjets tous les vices
qui le deſnonorent, & en donnant
exemple le premier de toutes les vertus qui lui plaiſent. Il y apprendra
l'autre precepte d'aymer ſon prochain, c'eſt à dire ſon peuple comme
ſoy-meſme, à le maintenir en paix
& en repos, à le faire jouïr paiſible-
ment de ſes biens, & non pas à les
prendre, ni meſme à les deſirer, à
proteger les foibles contre les forts &
puiſſans, à faire bonne juſtice du

glaive

glaive que Dieu lui a mis en la main
pour punir les coupables , afin qu'ils
ne nuisent pas aux gens de bien. Bref
nous voulons un Prince qui soit à la
verité Catholique , mais dont on ne
puisse pas dire ce que le saint Evesque
de Geneve disoit de quelqu'un sem-
blable à Louïs X I *, qu'il estoit bon*
Catholique, mais fort mauvais
Chrestien. *Nous devons pourtant*
donner cette loüange à Louïs XI *, qui*
est à mon advis , la plus belle & la
plus Royale action de toute sa vie,
qu'il a recognu serieusement ses fau-
tes auparavant mourir , comme le
tesmoigne Comines. *Et pour empes-*
cher que son Fils qui fut depuis Char-
les VIII *,* [1] *ne tombast dans les mes-*
mes deffauts , il lui laissa une espece
d'institution , sous le nom de Rosier
des Guerres , qui s'estant trouvé
au Chasteau de Nerac a esté donnée
au public par M. d'Espagnet *Presi-*
dent au Parlement de Bordeaux en
1 6 1 6, où sur tout il lui recomman-
de

[1] En 1484.

de de se faire plus aymer que craindre, considerant qu'il avoit principalement sailli en ce point important.

Puis que le Roy Louïs XII [1] avoit
merité le beau nom qu'on lui donne
encore aujourd'hui de Pere du peuple,
il ne faut pas doubter, qu'il n'eust
esté aussi soigneusement adverti pendant son regne de ce qu'il devoit faire. Et il est à croire que Mess. Claude de Seyssel alors Evesque de Mar-
seille lui avoit donné des instructions
de vive voix, puis que ce digne Prelat, qui fut emploié par lui en de
grandes affaires, composa depuis un
livre à cette mesme fin pour le Roy
François I.

En effet quoi que le Roy François I [2] avoit eu de son jeune âge de
l'inclination & de l'amour pour les
personnes doctes, estant venu au gouvernement, il voulut avoir aupres
de lui Mess. Claude de Seyssel alors
Archevesque de Turin, comme il

[1] En 1498.

[2] En 1515.

B 4   avoit

avoit esté auprés de Louïs XII. Mais ce Prelat ne pouvant se resoudre de quitter son Eglise ni le troupeau que Dieu luy avoit commis, s'en excusa; Et pour ne pas priver cet Estat, qu'il aymoit uniquement, de la cognoissance qu'il avoit de ses affaires & de ce qui lui estoit convenable & utile, il voulut mettre par escrit ce qu'il en sçavoit; pourquoi il composa le livre de la Monarchie Françoise, [1] qu'il dedia au Roy François I. Et ce livre depuis fut trouvé si excellent & si utile à tous les Estats, que Ieän Sleïdan l'un des plus polits Escrivains de son siecle, en fit une version Latine, [2] pour avoir cours par tout; quoi que le livre fut Catholique, & lui Lutherien ou Protestant.

En 1519 fut imprimé le livre [3] de l'office du Roy, composé en Latin par [4] Iosse Clictove Docteur en Theologie & Chanoine de Chartres, qui escrivit aussi des loüanges de S. Louïs.

Quoi

[1] Imprimée à Paris, in 8. avec un Traitté de la Loy Salique, en 1540, in 8.

[2] Imprimée à Strasbourg, en 1548, in 8.

[3] De Regis officio, apud Henricum Stephanum, in 4.

[4] Jodocus Clictovæus.

Quoi qu'Erasme ne fut pas François de nation, neantmoins sa grande
reputation dans les lettres le faisant
rechercher de tous les Potentats de
la Chrestienté, lui donna un accez
facile pour leur escrire, & en mesme
temps pour leur faire des remonstrances, qu'il leur faisoit tousjours
avec beaucoup de respect & de douceur, mais pourtãt avec liberté. C'est
ce qu'il fit dans l'Epistre Dedicatoire
[1] de sa Paraphrase sur l'Evangile de
S. Marc au mesme Roy François I.
apres avoir dedié ses Paraphrases sur
les trois autres Evangiles à l'Empereur Charles V, au Roy Henry VIII
d'Angleterre, qui estoit encore alors
Catholique, & à Ferdinand Archi-
duc d'Austriche, & ses Paraphrases
sur les Epistres des Apostres à divers
Cardinaux. Cette Epistre à François I est une remonstrance tres belle
aux Princes & aux Prelats contre
les guerres qui se font entre les Chrestiens. Mais il avoit composé quel-

[1] En
1533.

B 5   ques

ques années auparavant ¹ un livre
expres de l'Institution du Prince
Chreſtien, qu'il dedia au meſme
Charles d'Auſtriche depuis Empereur
V du nom. Et comme le principal
deſſein qu'il prit en cet ouvrage fut
de former un Prince Chreſtien, il
s'eſtudia plutoſt à l'enrichir de maximes d'une Politique Chreſtienne,
que des beaux mots & faits des Anciens Grecs & Latins, comme ont
fait beaucoup d'autres. C'eſt pourquoi ce livre fut trouvé excellent,
tant pour la beauté de l'expreſſion
& du ſtile, que pour l'utilité des preceptes Heroïques & divins, capables
de rendre un Prince parfait & ac-
compli. Toutefois cet ouvrage eſtoit
alors eſtranger à noſtre eſgard, &
ne nous regardoit point qu'en commun avec tous les Princes de la
Chreſtienté, l'Auteur eſtant Hollan-
dois de ſa naiſſance, & le livre eſtant
dedié à un Prince Allemand. Mais
l'excellence & l'utilité de l'ouvrage,
le

le fit enfin devenir noſtre en partie.
Car ayant eſté fait un Extrait ou
Recueil Latin des plus belles maximes
du livre qui fut mis en ſuitte d'un
abregé de la Republique de François
Patrice natif de Sienne Eveſque de
Gaiette, par Gilles d'Aurigny dit le
Pamphile Advocat en Parlement qui
a compoſé auſſi diverſes poëſies, dont
du Verdier fait mention en ſa Bibliotheque, l'un & l'autre furent im-
primez enſemble en 1543. [1] Et ce
meſme Extrait fut traduit par apres
en François, & imprimé en 1546, [2]
avec la meſme Republique, dediée à
Meſſire Claude d'Annebaut, Admiral & Mareſchal de France, & Lieutenant general au gouvernement de
Normandie ſous Monſeigneur le
Dauphin, par Iean le Blond Seigneur
de Branville, duquel parle auſſi du
Verdier.

Dans le Manuël Royal de Iean
Breche Advocat au Preſidial de Tours
duquel du Verdier fait auſſi men-

[1] Pariſiis ſub primo pilari Palatii Regii, per Carolum l'Angelier ante Sacellum Præſidum, in 12.

[2] Par le meſme Charles l'Angelier, in 8.

B 6   tion,

tion, il y a un petit *Traitté* de la doctrine & condicion du *Prince*, *dedié à Madame Ieanne de Navarre, fille unique de Henry Roy de Navarre, & de Madame Marguerite de Navarre Duchesse d'Alençon & de Berri, qui fut im*-primé en 1541 [1], & en 1544 [2] à *Tours*.

1 In 4.
2 In 8.
en lettres Gothiques.

Guillaume Budée, Secretaire & Maistre de la Librairie du mesme Roy François I, & depuis Maistre des Requestes, sçachant bien que tels presens estoient agreables à son Maistre qui aymoit fort les bonnes lettres, fit un amas en nostre langue des plus beaux Traits de l'Antiquité Grecque & Latine servans à l'institution d'un Prince, qu'il lui dedia; mais qui ne fut imprimé que sous Henry II, [3] *apres avoir esté enrichi d'argumens, divisé par chapitres, & augmenté d'annotations par Messire Iean de Luxembourg Abbé d'Ivry.*

3 En 1547, in fol. & in 8.

Claude Despence Docteur celebre en la

en la Faculté de Theologie de Paris,
qui fut envoié par le Roy Henry II,
[1] au Concile de Trente transferé
alors à Boulogne, lui envoia de cette ville-là une briefve Inftitution d'un Prince Chreftien, qui
fut imprimée en 1548, laquelle
contient en peu de feuillets de fort
bonnes leçons tirées de la fainte Efcri-
ture & des Docteurs & Hiftoires Ecclefiaftiques.

Sous le mefme Roy en 1557,
l'Hiftoire de Chelidonius Ti-
gurinus fur l'Inftitution des
Princes Chreftiens, fut mife en
François par Pierre Boaiftuau fur-
nommé Launay natif de Bretaigne,
laquelle depuis fut par lui dediée à
François de Cleves Duc de Nivernois
& Lieutenant general pour le Roy
en Champagne, Brie & Luxembourg. Et en 1578 fut derechef
traduitte en la mefme langue par
P. Bonaventure. [2]

Au Sacre du Roy François II, [3]

M. de

[1] En 1546.

[2] Im-
primée
par Hie-
rofme
Marnef,
in 8.

[3] 1559.

M. de l'Hospital, alors premier Pre-
sident en la Chambre des Comptes &
depuis Chancellier de France composa un excellent Poëme Latin pour
servir d'instruction à ce jeune Roy
touchant l'administration de son
Royaume, qu'il dedia à Monf. le Car-
dinal de Lorraine, *¹* qui fut depuis
mis en vers François par Ioachim
du Bellai Gentilhomme Angevin.

Nous pouvons fort raisonnablement mettre au nombre des institutions Royales la preface que M. Amyot
Evesque d'Auxerre & grand Au-
mosnier de France a faite sur sa tra-
duction des Opuscules de Plutarque
& qu'il dedia au Roy Charles IX *²*,
en laquelle il exhorte particulierement les Princes à la lecture des livres, comme estant la plus seure &
la meilleure instruction qu'ils puissent
prendre, & il leur enseigne diverses
bonnes lectures ausquelles ils doivent
s'appliquer, rapportant à ce propos
le dire de Demetrius Phalereus à
Pto-

1 V. Lib. 5. Poëmat. Hospita- lii.

2 En 1560.

Ptolemée Roy d'Egypte, Pour ce que tu y verras & apprendras beaucoup de fautes que tu commets en ton gouyernement, lefquelles tes familiers ne te veulent ou ne t'ofent à l'adventure pas dire, fe trouvant tousjours affez de gens allentour des Princes qui leur prefchent plutoft la grandeur de leur pouvoir, que l'obligation de leur devoir, &c.

Louïs le Roy dit Regius fit fous le mefme Roy Charles IX divers Traitez de Politique, mais entre autres il mit enfemble les traductions de Grec en François de l'Oraifon d'Ifocrate à Demonique, qu'il dedia à Madame Marguerite de France Ducheffe de Berri; Les enfeignemens du mefme Ifocrate & de Xenophon pour bien regner, *qu'il dedia au Roy Charles IX avec* le Symmachique d'Ifocrate *du devoir du Prince & des fubjets: &* les

les enseignemens militaires de Cambyses à Cyrùs *tirés de la Cyropedie de Xenophon , qui furent imprimés ensemble , & encore d'autres separément dont parle du Verdier en sa Bibliotheque.* Ainsi ces Anciens traitez estrangers deviennent nostres estans mis en nostre langue par un François & pour un Roy de France.

[1] En 1574.
[2] In 4.

En 1578 , *sous Henry III ,* [1] *fut imprimée* [2] La Republique Chrestienne , contenant le vrai miroir & instruction du Prince Chrestien pour bien & heureusement conduire ses mœurs & actions en l'administration & gouvernement d'un Royaume , &c. *par M. Iean Talpin Sieur de S. Fere , Doyen de Nostre Dame de la Chappelle de Taillefer en Limosin , qui enrichit son ouvrage de plusieurs exemples & histoires anciennes tirées de la S. Escriture & des Peres de l'Eglise.*

Ainsi

Ainsi nous pouvons mettre entre les ouvrages de nos Auteurs François les traductions de quelques instructions des Empereurs Grecs de Constantinople à leurs enfans, puis que les traducteurs les ont faites à dessein de servir à nos Roys. A cette fin les Preceptes Royaux de l'Empereur Manuël Paleologue à Iean Paleologue son fils & successeur à l'Empire furent mis en François en 1582, *& dediés au Roy Henry* III, *sans que le traducteur y mist son nom.* [1]

En ce mesme temps M. Pierre Brisson Senescinai de Fontenai le Comte en Poitou dedia au mesme Roy Henry III, l'Instruction & nourriture du Prince, *que Hierosme Osorio Portugais Evesque de Sylves en Algarve avoit escrite & dediée à Sebastien Roy de Portugal.*

En 1588, Le gouvernement du bon Prince & l'office du parfait Capitaine, *composé en Italien par Nonnio Marcello Saya*, fut

[1] Imprimé à 8.

fut traduit en François & dedié à la Reyne Catherine de Medicis, mere du Roy. [1]

En 1692, Iacques Gautier mit en François les Aphorismes ou sentences extraites des lettres tant Espagnoles que Latines d'Antoine Peres, *contenans diverses belles instructions pour les Rois, Princes & Subjets, &c.* lesquelles il n'adressa pas directement à Henry IV, [2] mais à Mess. René Benoist Doyen de la Faculté de Theologie de Paris & Confesseur du Roy qui l'avoit nommé à l'Evesché de Troyes, estimant que ce qu'il offroit à son Confesseur estoit offert à lui-mesme, puis qu'il n'y a point de precepteurs ni de conseillers qui doivent estre plus fideles ni plus puissans sur les Princes pour les retirer du mal & les exciter à bien faire, que les Confesseurs. Car, comme dit Erasme en son Prince Chrestien, [3] *non seulement les nourrices & les compagnons des Princes les*

[1] Imprimé in 8.

[2] En 1588.

[3] Tit. de adulatione vitandâ Principi. pag. 453. tom. 4.

les flattent, mais auffi leurs Precepteurs & leurs Gouverneurs, ayans
plutoft pour but de fortir riches d'a-
vec eux, que de les rendre meilleurs;
les Predicateurs mefme les reblandif-
fent: les Magiftrats ne les advertiffent
pas avec liberté; les Confeillers ne
les conseillent pas avec amour. Quant
aux courtifans, c'eft à qui fe mettra
dans la bonne grace du Prince. Les
Ecclefiaftiques & les Medecins leur
font complaifans. Pour les Orateurs,
on n'entend par tout que les loüanges
qu'ils leur donnent. Refte ¹ une
reffource fainte, c'eft à fçavoir
les Confeffeurs. Mais elle manque encore fouvent. Veritablement fi ceux-cy eftoient
gens pleins d'integrité, fages &
prudens, ils pourroient dans
un fi profond fecret donner de
bons advis & confeils au Prince

1 Super-
erat una
facra an-
chora,
quæ &
ipfa fæpe-
numero
fallit: ni-
mirum ii
quos
vulgus
Confef-
farios re-
gios vo-
cat. Ii fi

integri forent ac prudentes, certè in illo altiffimo
fecreto poffent amanter ac liberè monere Principem.
Verùm plerumque fit, ut dum fuis quifque commo-
dis ftudet, publicæ utilitatis rationem negligat.

ce avec amour & liberté. Mais il arrive la plus part du temps, que comme chacun ne songe qu'à faire sa fortune particuliere, il neglige de procurer le bien public.

Nous trouvons dans les œuvres de la Damoiselle de Gournai un Traité de l'education des Enfans de France, fait auparavant la naissance du deffunt Roy Louïs XIII, [1] & un abregé d'institution pour le Prince souverain, qui ne sont pas à mespriser pour avoir esté composés par une fille ou sous son nom. Il y a dans le dernier quelques petites histoires assés agreables, & utiles, entre lesquelles est celle de Charles Duc de Calabre fils de Robert Roy de Naples & de la Reyne Ieanne, tellement zelé pour rendre justice à tous & notamment aux pauvres, qu'il s'advisa, afin qu'ils ne fussent point empeschés de l'aborder par ceux qui estoient aupres de lui, de faire attacher

[1] En 1610.

cher une sonette à la fenestre de sa
Chambre qui respondoit sur la ruë,
laquelle il estoit permis à chacun de
tirer, & celui qui avoit soné estoit
incontinant admis pour avoir au-
diance.

En 1603 fut traduit d'Anglois
en François le livre intitulé Present
Royal, qui avoit esté composé par
le Roy Iaques d'Angleterre, contenant une instruction au Prince Henry son fils pour bien regner, où le traducteur dit en la preface qu'il avoit
fait cette version en faveur de la Nation Françoise.

En 1608 fut imprimé [1] un livre   [1] In 8.
de Iean Talpin intitulé, La police
Chrestienne & l'Institution du
Prince Chrestien.

Et en la mesme année Pierre
Matthieu Historiographe du Roy mit
à la fin de l'histoire de Loüis XI, qu'il
donna au public, un petit Recueil de
Maximes Politiques extraites de
Philippe de Comines. Ce que l'on disoit

foit qu'il avoit eu charge de faire par le Roy Henry IV, pour l'inſtitution de Monſeigneur le Dauphin, ces petites ſentences eſtans plus propres pour l'eſprit d'un enfant que de plus longs diſcours.

En 1609, Iaques de la Fons compoſa un Poëme Heroïque qu'il diſtingua par matieres & chapitres & le dedia à Monſeigneur le Dauphin ſous ce meſme nom de Dauphin, qui fut une inſtitution faite expres pour lui.

En 1612, le S. de Benevent Treſorier de France en Berri mit de Grec en François l'Exhortation d'Agapel Diacre de l'Egliſe de Conſtantinople à l'Empereur Juſtinian, dont les preceptes ſont par nombres au François comme au Grec, pour ayder la memoire.

Et en la meſme année Les remonſtrances de l'Empereur Baſile à Leon ſon fils, qui avoient eſté traduites de Grec en François

des

des l'année 1580, [1] furent derechef
mises en la mesme langue par le commandement du feu Roy Louïs XIII,
dont chaque precepte commençoit
par une lettre Acrostique ou capi-
pitale, pour soulager aussi la memoire.

M. Iean Theveneau Advocat en
Parlement ayant adressé ses Mora-
les [2] des l'année 1607 à Messei-
gneurs les Dauphin & Duc d'Orleans
fils de France, où il y a un Traité de
l'Institution du Prince, fit en
1627, des discours Politiques
& moraux Chrestiens sur les
preceptes de S. Louïs à Philippe son fils, dont nous avons desja
parlé, qu'il dedia au deffunt Roy.

[2] Imprimée in 8.

Nous avons veu en nos jours le
Prince de Balzac avec son Ari-
stippe.

Et le Catechisme Royal, composé par P. Fortin Seigneur de la Ho-
guette en suitte de son Testament
ou des Conseils fideles d'un
bon

bon Pere à ses enfans, dont il y
a eu plusieurs editions.

Voila une partie des Auteurs qui
ont donné au public des institutions
pour nos Princes. Apres quoi il ne
faut pas s'estonner de leur bonté &
sagesse, ni en suite des bonnes loix &
ordonnances qui ont esté faites pour
regler ce Royaume, ni par apres de
sa longue durée, ni enfin de la grandeur & excellence qui lui a esté at-
tribuée par S. Gregoire, & qui a
tousjours augmenté depuis tant de
siecles. Que si cet Estat est devenu si
plein de gloire & de puissance, il est
dautant plus important que ceux qui
le gouvernent soient instruits de bonne heure & dés leur plus tendre jeunesse, afin de leur apprendre d'une
part à lui conserver son lustre & sa
splendeur, & d'une autre à ne pas
abuser de cette haute puissance qu'u-
ne souveraineté si esclatante leur
communique, puis qu'un pouvoir
exorbitant & sans regles ni bornes
mine-

mineroit peu à peu ce superbe edifice,
lequel tombant accableroit celui qui
le doit souftenir.

Nous pouvons efperer toutes chofes grandes & heureufes de Monfei-
gneur le Dauphin, dont l'ame toute
genereufe par la naiffance qu'il a de
fes ayeuls & excitée par les foins &
exemples Paternels & Domeftiques
qu'il aura toujours devant les yeux
pratiquera fans doute volontiers
dans un âge plus meur les preceptes
qui lui feront enfeignez dans fon enfance, pour ufer un jour legitime-
ment & en Prince vraiement Chreftien de cette grande puiffance, fur
laquelle il doit eftre adverti, auparavant mefme qu'il la cognoiffe, de
cette verité que Monf. Amyot fit entendre au Roy Charles IX fon difci-
ple, [1] que la vraie grandeur n'eft
pas de pouvoir tout ce que
l'on veut, mais bien de vouloir
tout ce que l'on doit.

Il n'eft donc queftion à prefent

que

[1] En la Preface fur les O- pufcules de Plu- tarque.

que de choisir entre tous ces traitez
Politiques & Chrestiens ce qui sera
plus propre pour lui donner, & à
tous jeunes Princes Souverains la
premiere teinture d'un bon gouvernement. Que s'il m'est permis d'en
faire le choix, je n'estime pas qu'il
y en ait aucun qui soit meilleur ni
plus utile pour former un Prince
qu'on veut estre tres-Chrestien aussi
bien d'effet que de nom, que celui
d'Erasme de l'Institution du
Prince Chrestien, non seulement
pour la grandeur du genie de l'auteur, mais aussi pour l'excellence &
la beauté de ses preceptes, capables de
rendre un Prince parfait & accom-
pli. Sa methode aussi est facile, en
ce qu'il a exprimé ses pensées par des
aphorismes & des regles qui ne peuvent pas ennuïer comme un discours
continu, & par la mesme raison
peuvent entrer & demeurer plus ay-
sement dans l'esprit. Mais d'autant
qu'il seroit difficile de faire compren-
dre

dre à un jeune enfant tant de choses
à la fois, il semble que l'extrait ou
petit Recüeil qui a esté fait de ce livre sous le regne de François I, suffira
pour le present , & sera asses convenable à la portée & capacité d'un
Prince encore enfant , veu principalement qu'on a choisi vraisemblablement , les maximes les plus necessaires & les plus importantes du livre
pour en composer cet extrait , qui
fut alors tant estimé, qu'il fut intitulé Aureus Codiculus de insti-
tutione Principis Christiani.
Ce que le translateur exprima en
François par ces mots ; Petit livre
precieux comme l'or de l'en-
seignement du Prince Chrestien : mais que nous pourrions, ce
me semble, plus proprement expli-
quer par ces deux mots Codicille
d'Or , puis que le mot de Codicille signifie mieux en nostre langue
un petit Livre qu'un Testament.
Nous lui donnerons donc mainte-

nant

nant ce titre nouveau qui revient
à l'ancien Latin Codiculus :
Car Codicule n'est pas en usage
en François, comme est Codicille. Nous ferons aussi une version
nouvelle du Recueil, qui soit plus
conforme à nostre langage d'à present, l'ancien n'ayant plus rien
d'agreable & pouvant mesme apprendre à un enfant des mots &
des phrases esloignées de la pureté
de nostre langue. Nous avons aussi
augmenté ce petit Recueil de l'Epistre d'Erasme à Charles depuis
Empereur qui est au commencement de son institution du Prince,
& l'avons mise pareillement à la
teste de celle-cy. Et à la fin nous
avons adjousté les Epithetes du bon
& mauvais Roy tirés de Iulius Pollux Precepteur de l'Empereur Commode qu'Erasme avoit aussi inse-
rez en son institution, afin qu'un
jeune Prince conçoive en peu de
mots la grande difference, qu'il y
a en-

a entre un bon & mauvais Roy
par les bonnes qualités de l'un &
les mauvaises de l'autre, & qu'il
fçache au plutoft celles qu'il doit
s'efforcer d'acquerir, & celles qu'il
doit fuïr, ou s'en desfaire fi mal-
heureufement il les avoit. Et comme nous avons desja dit que le
dixhuictiefme Chapitre du cin-
quiefme Livre des Memoires de
Comines doit paffer pour le Cate-
chifme des Souverains, nous a-
vons jugé à propos de le joindre à
ce petit Recueil, afin que rien n'y
manque des premieres & plus importantes maximes dont l'efprit
d'un jeune Prince qui eft deftiné
pour la premiere Couronne de l'V-
nivers doit eftre imbu, & qu'ayant
l'ame remplie de ces principes, il
tafche tous les jours à fe furmonter
lui mefme par fes actions heroïques
qui pourront mettre fes affaires &
fes peuples dans une profperité &
bonheur extraordinaire, qui porte-

C 3   ront

ront son Estat au plus haut comble de la gloire, & qui lui acquereront un nom immortel sur la terre & une felicité eternelle dans le Ciel.

EPIS-

EPISTRE

D'ERASME de Roterdam,

A tres Illustre Prince

CHARLES D'AUSTRICHE

Petit-Fils de l'Empereur
MAXIMILIAN.

MONSEIGNEVR,

Omme la sagesse est de soi une chose tres pretieuse, il n'y en a point aussi selon Aristote qui soit plus excellente que celle qui enseigne aux Princes à se rendre utiles & proffitables au public : de sorte que Xenophon avoit grande raison de dire en son Oeconomique, que c'estoit une chose au dessus de l'homme, & tout à fait divine, de commander à des hommes libres, & qui se soumettent volon-

C 4   taire-

tairement. En effet c'est cette
sagesse qui doit estre sur tout
recherchée par les Princes.
C'est elle que Salomon qui fut
sage dés sa jeunesse, mesprisant
toutes les autres choses du
monde, demanda seule à Dieu,
& qu'il voulut estre perpetuel-
lement assise auprés de lui dans
son throsne : C'est la belle &
chaste Sunamite, aux embrassemens de laquelle David sage
pere d'un sage fils prit son unique plaisir. C'est elle qui dit
dans les Proverbes : *Les Princes
commandent par moy , & c'est moy
qui apprends aux Potentats à rendre
la justice.* Toutesfois & quan-
tes que les Roys admettent
cette sagesse dans leurs conseils
bannissans loing d'eux ces
mauvais Conseillers qu'on
nomme ambition , colere ,
cupidité & flaterie, la Republique devient florissante , &
recon-

recognoiſſant tenir ſon bonheur de la ſageſſe de ſon Prince, elle peut s'en resjouïr avec
raiſon par ces paroles ; *Toutes
ſortes de biens me ſont venus avec la
ſageſſe*. Auſſi n'y a-t-il rien dont
Platon ait eſté plus ſoigneux,
qu'à donner à la Republique
de bons Gouverneurs, leſquels
il ne deſire pas eſtre relevez
plus que les autres par leurs richeſſes, leurs pierreries, leurs
ornemens, leurs anceſtres, le
nombre de leurs gardes, mais
ſeulement par leur ſageſſe, aſ-
ſeurant que les Eſtats ne ſeront
jamais heureux, ſi les Philoſo-
phes ne regnent, ou ſi ceux qui
regnent n'ayment & n'embraſ-
ſent la Philoſophie. Quand je
parle de la Philoſophie, je
n'entends pas celle où l'on diſ-
pute des principes, de la premiere matiere, du mouve-
ment, ou de l'infini ; mais j'en-
C 5   tends

tends celle qui defgageant l'e-
fprit de l'homme des fauffes
opinions du vulgaire, & de toutes affections vitieufes , enfeigne l'art de bien gouverner à
l'exemple & fur le modele de
la Divinité. Je m'imagine
qu'Homere avoit aucunement
cette penfée, quand il repre-
fente Mercure qui enfeigne à
Ulyffe l'herbe Mòly, pour le
preferver des enchantemens
de Circé. Et ce n'eft pas fans
caufe que Plutarque difoit,
qu'aucun ne peut faire une a-
ction plus meritoire ni plus digne d'eftre recognuë du public, que celui qui infinuë au
Prince qui eft conftitué pour
veiller au bien univerfel de
tout un peuple, des preceptes
& des maximes utiles & dignes d'un Prince : Comme au
contraire il n'y a perfonne qui
foit plus pernicieux à la focieté
publi-

publique que celui qui infecte
l'efprit du Prince d'opinions
erronées & d'affections vitieufes ; ne faifant pas moins de
mal que celui qui empoifon-
neroit une fontaine, dont chacun puife l'eau qui luy eft neceffaire. Et ce n'eft pas encore
fans raifon que cet auteur blafme la parole d'Alexandre le
Grand, lequel au fortir de l'en-
tretien qu'il euft avec Diogene
le Cynique , dit admirant le
cœur de ce Philofophe fi
haut , fi ferme , & fi relevé au
deffus de toutes les chofes hu-
maines , *Si je n'eftois point Alexandre , je voudrois eftre Diogene.* Car
au contraire plus un Empire
eft grand , & plus il eft fubjet
aux agitations & aux tempef-
tes : & c'eft pourquoi il avoit
plus de raifon de fouhaitter un
cœur de Diogene , qui fut ca-
pable de fupporter le poids
C 6   d'un

d'un tel fardeau. Mais nous
esperons, Monseigneur, que
comme vous surpassez Alexandre en felicité, vous le surpas-
serez aussi en sagesse. Car à la
verité Alexandre avoit envahi
un grand Empire, mais ce ne
fut pas sans espandre beaucoup de sang, & cet Empire
n'estoit pas pour durer long
temps. Mais vous qui estes né
dans un Estat tres florissant,
& qui estes destiné à un autre
encore plus auguste, vous ne
serez pas peut-estre moins en
peine de chercher à vous en
desfaire d'une partie, qu'Alexandre l'estoit pour conquerir
le sien. C'est à Dieu que vous
avez l'obligation que cet Empire vous soit escheu sans espandre le sang d'aucun, & sans
faire tort à personne : maintenant ce sera un effet de vostre
sagesse de le conserver aussi
sans

sans sang & en paix. C'est ce
que nous promettent la bonté
de vostre naturel , l'integrité
de vostre ame, la force de vostre esprit , la bonne institution
de vostre jeunesse sous des Precepteurs tres vertueux , & qui
nous font esperer, qu'un jour
Charles d'Austriche accom-
plira ce que toute la terre attendoit de Philippe son Pere ,
si une mort prematurée ne
nous l'eust point ravi. Encore
donc que je ne fusse pas ignorant que Vostre Altesse n'avoit
pas besoin de preceptes , &
moins encore des miens que
d'aucuns autres , toutesfois je
n'ay pas laissé d'exposer au public sous vostre Nom le portrait d'un Prince parfait & ac-
compli ; afin que ceux qui sont
elevez pour posseder de grands
Estats , apprennent par vous à
les bien gouverner en suivant

C 7   vostre

voſtre exemple, & que le fruit
qui s'en pourra tirer paſſe ſous
vos auſpices à tous les autres,
& que d'ailleurs vous eſtant
desja tout acquis, je puiſſe vous
donner par ces premices quelque marque de mon affection.
J'ay mis en Latin les preceptes
qu'Iſocrate nous a laiſſez pour
apprendre à gouverner un
Royaume, & à ſon imitation
j'y en ay joint pluſieurs de mon
invention; ce que j'ay fait par
aphoriſmes ou regles, pour
donner moins d'ennui au Lecteur: mais les miens different
en beaucoup de choſes des
ſiens. Car ce Sophiſte a plutoſt compoſé l'inſtitution d'un
petit Roytelet, ou meſme d'un
tyran, que d'un grand & legi-
time Monarque. C'eſt un
payen qui a enſeigné un payen.
Mais quant à moy qui ſuis
Theologien de ma profeſſion,
je

je me suis propofé de former
un Prince excellent en juftice
& en bonté : & comme je fuis
Chreſtien, j'ay entrepris de faire un Chreſtien. Que fi j'adreſ-
fois mon ouvrage à un Prince desja advancé en âge, aucuns me pourroient foupçon-
ner de flatterie ou d'impuden-
ce. Mais le dediant à un Prince lequel , quoi que de grande efperance, n'a pas pû juf-
qu'à prefent à caufe de fa jeu-
neffe & du peu de temps qu'il
y a qu'il eft deftiné à l'Empire,
faire beaucoup d'actions dignes de loüange ni de blafme,
on ne fçauroit prefumer que
j'aye eu d'autre deffein que de
fervir au public , comme ce
doit eftre l'unique but, où non
feulement les Roys , mais auffi
leurs amis & ferviteurs doivent afpirer. Et ce vous fera
encore entre une infinité
d'hon-

d'honneurs que, Dieu aydant,
voſtre vertu vous acquerera,
quelque ſurcroiſt de gloire,
quand on ſçaura que Charles
a eſté tel, qu'il s'eſt trouvé un
Eſcrivain, qui n'a pas appre-
hendé de luy faire voir ſans flaterie le portrait d'un Prince
juſte & veritablement Chreſtien, lequel il a non ſeulement
receu avec plaiſir & agrément,
mais qu'il a auſſi ſagement
imité dans ſa jeuneſſe, en laquelle il s'eſt eſtudié ſoigneuſement de ſe perfectionner &
ſe ſurmonter tousjours ſoy
meſme en vertu & bonté.

CO-

CODICILLE D'OR
O U
PETIT RECUEIL,

Tiré de l'Institution du Prince Chrestien composée par Erasme.

Mis en François pour la seconde fois.

LA premiere chose qu'un Prince doit rechercher c'est cette sagesse que Salomon qui fut sage dés sa jeunesse desira seule, mesprisant toutes les autres choses du monde, & qu'il voulut estre tousjours assise avec lui dans son throsne. C'est cette belle & chaste Sunamite, aux embrassemens de laquelle David sage Pere d'un sage Fils mettoit son unique plaisir. C'est elle qui dit dans les Proverbes : *Les Princes commandent par moy, & les Potentats rendent par moy justice.*

r. Ce premier Aphorisme est dans l'Epistre precedente d'Erasme.

On

2.   On ne prent pas ſur mer,
pour eſtre Pilote d'un Navire,
celui qui excelle ſur les autres
en naiſſance, en richeſſes, ou
en beauté, mais celui qui ſçait
mieux le gouverner, & qui a
le plus de vigilance & de fidelité. Ainſi pour commettre à
quelqu'un le gouvernement
d'un Royaume il faut prendre
celui qui ſurpaſſe les autres en
vertus Royales, c'eſt à dire qui
a le plus de ſageſſe, de juſtice,
de moderation, de prudence,
& de zele pour le bien Public.

3.   Il y a beaucoup de choſes,
dit Iſocrate, qui ſervent à corriger les hommes privez, premierement l'indigence, qui
non ſeulement ne leur permet
pas de vivre dans les delices,
mais qui les oblige ſouvent à ſe
mettre en peine de chercher
leurs neceſſitez journalieres.
En ſecond lieu les loix qui
                              leur

leur commandent , & auſ-
quelles ils ſont obligez d'obeïr.
Et en troiſieſme la liberté
qu'on a de les reprendre & les
advertir de leurs fautes. Mais
quant aux Roys, il n'y a rien de
tout cela qui les puiſſe ſecourir. Car quand ils ſont parve-
nus à la ſouveraineté , il ne
ſe trouve plus perſonne qui les
advertiſſe de leur devoir, premierement pource que la plus
part des hommes ne les appro-
chent pas ; & en ſecond lieu
que ceux qui les frequentent
ne leur parlent qu'avec com-
plaiſance.

Il faut qu'un Prince ſoit a-   4.
moureux de ſon Eſtat & de ſes
ſubjets : car nul ne peut bien
gouverner ni des chiens, ni des
chevaux , ni des hommes , ni
quelque choſe que ce ſoit, s'il
ne ſe plaiſt aux choſes dont il
doit prendre ſoin.

Ayez

5.   Ayez grand foing du peuple, & fur tout en commandant mettez peine de vous faire aymer de vos fubjets. Ne faittes point de loix qui ne foient juftes & utiles au public, qui ne fe contredifent point, qui engendrent peu de proces, & qui puiffent terminer en peu de temps ceux qui font nez.

6.   Ne vous perfuadez pas que ceux-là vous font les plus fideles qui louënt toutes vos actions & vos paroles, mais ceux qui vous reprennent quand vous avez failli. Permettez aux fages de vous parler librement, afin que fi vous doutez de quelque chofe, vous ayez avec qui vous puiffiés vous efclaircir. Faittes diftinction de ceux qui vous flattent avec artifice, d'avec ceux qui vous honorent avec amour, de crainte que la condicion des mefchans

ne

ne foit plus advantageufe que celle des bons.

Efforcez vous plutoft de laiffer bonne renommée à vos enfans que des grandes richef-fes. Car les richeffes meurent, mais la bonne renommée eft immortelle. Et l'on peut ac-querir l'or & l'argent par la bonne reputation, mais on ne peut pas achepter la reputa-tion par l'argent. **7.**

Il y a des Princes qui regar-dent avec grand foing à qui ils donneront la charge de dreffer un beau cheval, un oyfeau, ou un chien. Mais ils croiënt qu'il n'importe pas à qui ils com-mettront l'education de leur enfant, l'abandonnant fouvent à des precepteurs à qui un petit bourgeois qui feroit fage & advifé ne voudroit pas confier les fiens. A quoi fert que vous ayez engendré un fils pour re-gner, **8.**

gner, si vous ne prenez pas
soing de lui apprendre comment il doit regner.

9.　　Il ne faut pas aussi commettre la nourriture d'un enfant
qui est né pour l'Empire à toute sorte de nourrices, mais
seulement à celles qui sont
chastes, & apres les avoir ad-
verties que leur nourrisson doit
quelque jour regner. Il ne faut
non plus les laisser jouër avec
toute sorte d'enfans, mais seulement avec ceux qui sont bien
nez & qui sont honnestement
eslevez. Il faut eloigner d'eux
les jeunes gens lascifs, yvro-
gnes, & qui usent de paroles
deshonnestes: mais sur tout
il en faut chasser les flatteurs,
auparavant que leur esprit soit
confirmé dans la vertu par de
bons preceptes.

10.　　Un jeune Prince doit se def-
fier long temps de la foiblesse
de

de son âge, tant pour le peu
d'experience qu'il a dans les affaires, qu'à cause de la prom-
ptitude de son esprit. Et il doit
prendre garde de ne rien entreprendre de consequence,
que par le conseil des gens sages, & principalement des
vieillards avec lesquels il doit
converser assiduement, afin
que les emportemens de la jeunesse soient retenus par le respect de ces Anciens.

Comme il n'y a point de   11.
beste si farouche, ni si cruelle,
qui ne s'apprivoise & ne s'a-
doucisse par le soin & l'indu-
strie de celui qui la gouverne,
ainsi nous devons croire, qu'il
n'y a point d'homme si sauvage
ni si desesperé qui ne se rende
enfin plus facile & plus traitta-
ble par une soigneuse institution.

Que si vous rencontrez un   12.
                        esprit

esprit heureusement né, il ne faut pas pourtant l'abandonner. Car plus un fonds de terre est bon, & plus il est subjet à produire de mauvaises herbes & des ronces, si le laboureur n'a soin de le cultiver. Ainsi plus un homme a de bonnes qualitez naturelles, plus il a l'esprit elevé & plus il est subjet à de grands vices, s'il n'est retenu par des enseignemens salutaires.

13. Comme celui qui empoisonne une fontaine publique dont chacun boit, est digne de plusieurs supplices, ainsi celui qui infecte l'esprit du Prince de mauvaises opinions, qui produisent bien tost la ruine de tant d'hommes, est sans doute tres criminel. Car si celui qui falsifie la monnoie du Prince est puni de mort, combien celui qui corrompt son esprit

esprit eft-il plus digne du mesme supplice?

    C'eft une opinion qu'il faut 14.
tafcher d'eftablir dans l'efprit
d'un jeune Prince, que la mort
n'eft point à craindre, ni à
pleurer en autrui, fi elle n'eft
honteufe : nous n'appellons
pas celui-là heureux qui a vefcu le plus long temps , mais
qui a vefcu le plus honefte-
ment. Il fault mefurer la vie
par les bonnes actions & non
pas par les années. Il n'importe
pas pour la felicité de l'homme
qu'il ait vefcu longuement,
mais qu'il ait bien vefcu.

    Il faut avant toutes chofes 15.
remplir l'efprit du Prince de fi
bonnes opinions & de maximes fi fainces qu'il devienne fage par raifon & non pas par
ufage. Car au furplus l'experience que l'âge ne lui a pas
donnée fera fuppleée par les

conseils des vieillards.

16.　Il n'y a point de peste dont la contagion soit plus soudaine ni plus subtile, que celle d'un mauvais Prince : comme au contraire il n'y a point de remede plus prompt ni plus efficace pour corriger les mauvaises mœurs d'un peuple que la bonne vie du Prince. Feuilletez les histoires des Anciens, vous trouverez que les mœurs du siecle ont tousjours esté telles que la vie du Prince.

17.　Un Prince bien-faisant, comme dit Plutarque, est comme l'image vivante de Dieu, qui est ensemble tres bon & tres puissant ; à qui la bonté donne le desir d'estre utile à tous, & la puissance, le moien de l'estre à qui il veut. Au contraire le mauvais Prince represente l'image du mauvais Demon, qui a beaucoup de puissance

fance avec beaucoup de malice, & qui a couftume d'emploier tout ce qu'il a de force
à la perte du genre humain.

La Theologie des Chref- 18.
tiens attribue trois chofes prin-
cipales à Dieu, une fouveraine
puiffance, une fouveraine fageffe, & une fouveraine bonté. C'eft donc à vous, Prince,
à vous perfectioner autant que
vous le pourrés de ce noble
ternaire. Car la puiffance fans
bonté eft une pure tyrannie,
fans fageffe c'eft une defolation
& non pas un regne. Eftudiés-
vous, puis que la fortune vous
a donné la puiffance, d'acquerir auffi beaucoup de fageffe,
afin que vous puiffiés cognoiftre mieux qu'aucun autre ce
que vous devés fuivre & ce
que vous devés fuïr ; & en
fuite que vous vous rendrés
attant que vous le pourrés uti-

D 2   le à

le à tous ; car c'est un effet de la puissance. Faites que voftre puissance vous serve principalement à faire autant de bien que vous le voudrés : mais ayés la volonté d'en faire encore plus que vous ne pourrés, & enfin de nuire d'autant moins à personne que vous le pourrés davantage.

19. Toute servitude est miserable & honteuse ; mais il n'y en a point qui le soit davantage que celle qui nous rend esclaves de nos vices & de nos passions. Qu'i a-t-il, je vous prie, de plus infame & de plus abject, que de voir un homme qui s'attribuë le pouvoir de commander aux autres, servir lui mesme à sa passion, à l'avarice, à l'ambition, & à quantité d'autres semblables maistres tres insolens ?

20. Quand vous acceptés une prin-

principauté , ne vous mettés
pas devant les yeux, combien
vous recevés d'honneur & de
grandeur , mais combien de
charge & de souci : ne con-
tés pas combien vous aurez
de revenus & de tributs, mais
à combien de soins & de tra-
vaux vous vous engagez. Il
n'y a personne selon Platon qui
soit propre à commander que
celui qui reçoit l'empire par
contrainte & malgré lui. Car
il faut necessairement que celui
qui affecte l'office de Prince
soit ou fol, ne comprenant pas
combien il y a de travail & de
peril à s'acquitter dignement
de la fonction de Roy ; ou si
meschant, qu'il n'envisage le
gouvernement que pour son
proffit particulier & non pour
celui du public. Or pour estre
propre au gouvernement d'un
Royaume il faut estre vigilant,

bon

bon & sage tout ensemble.

21.   Un bon Prince ne doit point estre porté d'un autre esprit envers ses peuples qu'un bon pere de famille envers ses domestiques. Car qu'est-ce autre chose un Royaume sinon une grande famille? Qu'est-ce qu'un Roy sinon un pere de plusieurs enfans? Il excelle à la verité sur les autres hommes, mais il est de mesme genre qu'eux. C'est un homme qui commande à des hommes; c'est un homme libre qui commande à des hommes libres & non pas à des bestes, comme disoit fort bien Aristote.

22.   Il faut que celui qui est craint de tous en craigne plusieurs, & celui-là ne peut vivre en seureté, duquel la plus part des hommes desireroient la mort.

23.   Il y a plusieurs especes de com-

commandemens , comme de
l'homme sur les bestes , du
maistre sur ses serviteurs , du
pere sur ses enfans, du mari sur
sa femme. Mais Aristote estime que le commandement de
Roy est le plus excellent de
tous , à qui mesme il donne le
nom de divin. Si c'est donc
une chose divine d'agir en
Roy , il faut necessairement
que d'agir en tyran ce soit re-
presenter celui qui est tout à
fait dissemblable & contraire à
Dieu.

Comme l'office de l'œil est   24.
de voir , celui des aureilles est
d'entendre , & celui du nez est
de sentir ; ainsi l'office du Prince est de pourvoir aux be-
soins du peuple. Or il ne peut
y pourvoir que par la sagef-
se. Que s'il en est privé , il
ne sera pas plus propre à servir à la Republique , qu'un

œil

œil aveugle à voir la lumiere.

25.   Encore qu'Octavien Auguste euſt uſurpé l'Empire par
violence, toutefois il tenoit à
injure qu'on l'honoraſt du nom
de Seigneur & de Maiſtre, & il
le refuſa en preſence de tout le
peuple tant par ſignes que de
parole, comme ſi par ce titre
on euſt voulu lui reprocher ſa
tirannie.

26.   Si vous eſtes le Maiſtre de vos
ſubjets, il faut neceſſairement
qu'ils ſoient vos eſclaves ; or
prenez garde que vous n'aiés
ſelon l'ancien proverbe autant
d'ennemis que d'eſclaves.

27.   Je demanderois volontiers
d'un Prince qui n'a point d'autre penſée que de tirer beaucoup d'argent de ſes peuples,
que d'attraper le plus de deniers qu'il peut par ſes edits,
que de vendre beaucoup de
dignitez & d'offices, ſi celui-là
                              doit

doit eftre appellé Prince ou
marchand, ou plutoft voleur ?

Si un peintre qui a fait un 28.
beau tableau, prent plaifir à le
confiderer, fi un laboureur,
un jardinier, un manouvrier
jouit agreablement du fuccés
de fon travail, quel plus grand
contentement peut recevoir
un Prince que de voir qu'il a
rendu par fa peine & fes foins
fa Republique plus riche &
plus floriffante qu'elle n'eftoit?

Il y a trois chofes principa- 29.
lement requifes en un méde-
cin, la premiere, qu'il foit expert en la medecine, & qu'il
cognoiffe la force des corps &
des maladies, avec les remedes propres pour les guerir. La
feconde, qu'il foit fidele, &
qu'il ne fe propofe autre chofe
que la fanté du malade. Car
il y en a plufieurs que l'ambition & l'efperance du gain

D 5   porte

porte quelquesfois jusqu'à or-
donner du poison au lieu de
remede. La troisiesme qu'il
apporte tout le soin & la di-
ligence qui est requise pour
bien traitter le malade.

30. Le Prince doit bannir de
son esprit ces mots tyranni-
ques,

Ie veux, j'ordonne ainsi, ma seu-
le volonté,
Soit pour toute raison & pour
toute equité.

31. Diogene estant un jour en-
quis qui estoit la plus nuisible
de toutes les bestes, *Si vous en-*
tendés parler, dit-il, des bestes fa-
rouches, c'est le tyran; si c'est des
bestes privées, c'est le flatteur.

32. Quiconque voudra feuille-
ter les anciennes histoires trouvera que la plus part des sedi-
tions sont venuës des levées ex-
cessives faites sur les peuples.
Or il faut qu'un bon Prince
prenne

prenne bien garde de ne pas
donner à ses peuples subjet de
s'irriter de telles choses. Qu'il
domine gratuitement , s'il le
peut faire. Car l'office de Prince est trop splendide & trop relevé pour estre mercenaire. Et
le bon Prince peut dire qu'il a
tout ce que possedent ses subjets , quand ils l'ayment.

Il y en a aucuns qui ne font   33.
autre chose aupres des Princes
que de leur donner tous les
jours des inventions nouvelles
pour tirer de l'argent du peuple sous divers titres ; & ces
gens-là s'imaginent qu'ils font
bien les affaires des Princes,
comme s'ils estoient les ennemis de leurs subjets. Mais il
faut que celui qui preste volontiers les oreilles à telles
gens sçache qu'il est fort eloigné de la qualité de Prince.
Que si la necessité contraint de
faire

faire quelque petite levée fur
un peuple, c'eſt à faire à un bon
Roy de mettre ordre que les
petites gens en reçoivent peu
d'incommoditès. Car pour ce
qui eſt des riches, il eſt quelquesfois bon de les obliger à
vivre frugalement. Mais de
reduire les pauvres à la faim &
au deſeſpoir, c'eſt une choſe
non ſeulement tres inhumaine,
mais auſſi dangereuſe.

34.   Il eſt expedient dans un Eſtat de prendre garde que l'ine-
galité des biens ne ſoit pas trop
grande : non pas que je veuille
qu'on deſpouille par force perſonne de ſon bien : mais il eſt
bon d'uſer d'expediens capables d'empeſcher que les fa-
cultez du petit peuple ne paſ-
ſent à peu de gens. Car Platon ne veut pas que les citoïens
de ſa Republique ſoient trop
riches ni trop pauvres, d'autant
que

que le pauvre ne peut proffiter à aucun , & le riche neglige d'emploier son art pour autrui.

Le meilleur & le plus innocent moïen dont un Prince puisse user pour augmenter ses tresors, c'est de faire peu de despense. Car ce qui se dit en commun proverbe , que *l'espargne est un grand revenu* , a lieu ches les Princes aussi bien que ches les particuliers. Mais si l'on ne peut eviter de faire quelque levée , quand ce seroit mesme pour le bien du peuple , il sera bon d'imposer sur les marchandises estrangeres qui ne servent pas tant aux necessitez de la vie qu'au luxe & à la curiosité , & sur celles qui sont seulement à l'usage des riches , comme les soyes , les velours , l'escarlatte , le poivre , les parfums & odeurs , les pierres precieuses , & autres choses

D 7 sem-

femblables. Car il n'y a que
ceux qui auront moyen de les
achepter qui en recevront du
dommage & ils ne feront pas
reduits pour cette perte à la
neceffité , mais ils en vivront
peut-eftre avec plus de frugali-
té : & ainfi la perte de leur argent fera recompenfée par la
reformation de leurs mœurs.

36.   Le bon Prince apportera en
la fabrique de la monnoie la
mefme fidelité qu'il doit à
Dieu & au peuple, lequel d'ordinaire eft pillé par quatre manieres. La premiere , quand la
matiere de la monnoie eft cor-
rompuë par quelque mixtion :
l'autre quand le poids en eft
affoibli : la troifiefme quand
on la rogne : & la derniere
quand le Prince la hauffe ou
l'abaiffe de prix pour fon proffit particulier.

Le Prince appliquera tout
fon

fon efprit & fes foins à bien
meriter d'un chacun : ce qui
ne confifte pas feulement à faire des largeffes & des dons. Il
fera du bien aux uns par fa liberalité : il affiftera les autres
par fa faveur. Il deflivrera les
affligez par fon autorité. Il
donnera confeil à quelques-
uns, par fon efprit. Enfin il fe
perfuadera qu'il a perdu la
journée en laquelle il n'aura
point fait de bien à perfonne.

Il ne faut pas pourtant louër
legerement les Princes de toute forte de liberalité. Car il y
en a qui oftent par violence aux
bons leur bien; pour en faire
largeffe à des bouffons, à des
delateurs, & à des miniftres
infames de leurs voluptez.
Mais la liberalité que le Prince
doit exercer ne doit eftre dom-
mageable ni injurieufe à perfonne. Car de defpouiller les
uns

38.

uns pour enrichir les autres,
d'abaiſſer ceux-cy pour elever
ceux-là , ce n'eſt pas tant un
benefice qu'un double male-
fice, principalement ſi ce qui
eſt oſté aux pauvres eſt donné
à des gens indignes.

39. Ce n'eſt pas ſans raiſon que
les Poëtes ont feint que les
dieux ne viſitoient jamais perſonne, ſans faire à celui qui les
recevoit quelque bien ſignalé.
Mais ſi lors qu'un Prince vient
en quelque lieu , les habitans
cachent tout ce qu'ils ont de
meilleur , s'ils enferment leurs
filles, s'ils eloignent leurs gar-
çons, s'ils cachent leurs richeſſes , s'ils ſe reſervent & ſe mettent à couvert autant qu'ils
peuvent , ne font-ils pas aſſez
cognoiſtre quelle opinion ils
ont d'un tel Prince , puis qu'ils
font toutes les meſmes choſes
qu'ils feroient à la venuë
                              d'un

d'un ennemi ou d'un voleur ?

Encore qu'un Prince doive 40.
avoir tousjours l'œil, qu'on
ne faffe injure à perfonne, toutefois il doit encore, felon
l'advis de Platon, apporter
plus de precaution, à ce que
les eftrangers qui font en fon
Eftat ne foient point offen-
fés, pource que les eftrangers
eftans deftituës du fecours de
leurs parens & de leurs amis,
ils font plus expofés aux injures
& aux outrages que ceux du
païs.

Les bonnes loix rendent les 41.
Villes & les Royaumes heureux, fur tout fous un bon
Prince. Mais l'Eftat eft principalement fortuné quand le
Prince eft obeï de tous, & que
lui mefme il obeït aux loix. Or
les loix font fur le modele de
l'equité & de l'honnefteté,
& n'ont point d'autre but
que

que celui de l'utilité publique.

42. Le bon, sage & juste Prince n'est autre chose qu'une loy vivante. Le Prince donc s'estudira plutost à faire de bonnes & salutaires loix que d'en faire beaucoup. Car peu de loix suffisent en une Ville bien policée, sous un Prince & des Magistrats pleins d'integrité. Et s'ils ne sont pas tels, quelque quantité de loix qu'il y ait, elles seront inutiles. Car il ne sert de rien à un malade d'estre traitté par un medecin ignorant qui lui accumule remedes sur remedes.

43. Quand il sera question de faire des loix, il faut sur tout prendre garde qu'il n'y ait rien qui sente l'interest bursal du fisque, ni l'advantage particulier des Grands, mais seulement ce qui est honneste & utile au public. Et cette utilité publi-

publique ne doit pas eſtre re-
glée ſelon l'opinion du vulgaire, mais au compas de la
ſageſſe, qui doit tousjours aſſi-
ſter au conſeil des Souverains.
La loy qui n'eſt pas juſte, ni
utile au public ne paſſe pas
pour loy par l'adveu meſme
des payens. Tout ce qui plaiſt
au Prince n'eſt pas loy, mais
ſeulement ce qui plaiſt au bon
& ſage Prince, auquel rien ne
plaiſt que ce qui eſt honneſte
& utile au public.

Platon vouloit qu'il y euſt
peu de loix, principalement
pour les choſes legeres, comme pour les contrats, le commerce, & les tributs, n'eſti-
mant pas que le ſalut d'un Eſtat dependiſt de la multitude
des loix, non plus que la ſanté
d'un malade de la pluralité des
medicamens. Quand le Prince eſt juſte, & que les Magiſtrats

44.

ſtrats font bien leurs charges,
il n'eſt point beſoin de beaucoup de loix. Que s'ils ne font
pas leur devoir, l'abus qu'on
fait des loix tourne au prejudice du public, les meilleures
eſtant deſtournées de leur bonne fin à une mauvaiſe par la
malice des Officiers.

45.　Quand un Prince fait une
loy, il ne doit pas ſeulement
propoſer à ſes ſubjets la peine,
mais il doit auſſi les perſuader
à ne pas pecher. C'eſt pourquoi ceux-là ſe trompent qui
croiënt que les loix doivent
eſtre conceuës en peu de paroles, & qui commandent ſeulement ſans enſeigner. Au
contraire il eſt meilleur qu'elles deſtournent les hommes de
pecher par des raiſons que par
des peines.

46.　Le meſme Platon ne permet
pas aux jeunes gens de diſputer
de

de l'equité d'une loy, mais il
le permet aux vieillards, pourveu que ce soit avec moderation. Mais comme ce n'eſt pas
à faire au commun peuple de
juger temerairement des loix
du Prince, auſſi eſt-ce à faire
au Prince à ne publier que
des loix qui puiſſent plaire à
tous les gens de bien, & ſe ſou-
venir que les hommes de petite
condicion ont du ſens commun auſſi bien que les autres.
Marc Antonin le Debonnaire,
fut loué particulièrement en
cecy, de n'avoir jamais rien
publié, qu'il ne l'euſt en meſme temps fait approuver par
les raiſons qu'il avoit de le faire
pour le bien de la Republique.

Xenophon dit fort bien que
les animaux brutes ſe rendent
obeïſſans à l'homme par deux
moiens: premierement par le
manger, ſi l'animal eſt d'une
eſpece

47.

espece vile & abjecte, ou par
douceur s'il est d'un naturel
noble & genereux, comme est
le cheval : En second lieu par
le fouët & le baston, s'il est
lent & paresseux. Mais l'homme estant le plus genereux de
tous les animaux, il ne doit pas
tant estre contraint à faire son
devoir par les menaces & par
les supplices, qu'il doit estre
invité par les recompenses.

48.　　Ce n'est donc pas assés que
les loix portent des peines
contre les delinquans, mais il
faut aussi qu'elles attirent à
bien meriter du public par les
recompenses, comme nous
en voions plusieurs qui ont esté
faites au temps passé de cette
qualité. Si quelqu'un s'estoit
valeureusement comporté en
la guerre, il en attendoit sa recompense : & s'il y perdoit la
vie, ses enfans estoient nourris
aux

aux defpens du public : s'il a-
voit fauvé un citoien , s'il avoit
repouffé l'ennemi des murail-
les de la ville, s'il avoit donné
quelque confeil falutaire à l'Eftat , il y avoit loy par laquelle
il eftoit recompenfé. Or encore que ce foit le propre
d'un bon citoien de fervir fa
patrie fans envifager aucune
recompenfe , il eft bon toutefois d'animer à la vertu par
l'efperance, les cœurs qui font
encore rudes , & peu affe-
ctionnés.

Comme celui-la eft meil- 49.
leur medecin qui empefche la
maladie future , que celui qui
la guerit quand elle eft venuë,
ainfi il eft plus advantageux
d'empefcher , qu'on ne com-
mette des crimes que de les
punir quand ils font commis.
Or cela fe fera aifément, fi l'on
ofte les caufes dont on cognoit
que

que le crime peut venir, ou si
du moins on les diminuë &
affoiblit.

50.   Comme le fidele & sçavant
medecin ne couppe ou ne
brusle pas un membre, s'il peut
guerir le mal par quelque em-
plastre ou par quelque breuva-
ge, & ne vient jamais aux remedes violens, qu'il n'y soit
contraint par la maladie; ainsi
le Prince tentera toutes sortes
de voïes auparavant que de
venir à un supplice capital,
considerant que la Republique
n'est qu'un corps. Or personne ne couppe le membre d'un
corps qui peut estre gueri par
un autre remede.

51.   Comme le bon medecin ne
regarde en la composition de
ses remedes qu'à guerir son
malade avec le moins de peril
qu'il pourra; aussi le bon Prince ne regardera, quand il fera
des

des loix qu'au bien general du
public, & pourvoira aux maux
futurs avec le moins de prejudice & de dommage qu'il
pourra.

La plus grande partie des 52.
vices publics vient de l'oysive-
té, à laquelle chacun aspire
par divers moiens, & quand
on y est accoustumé on tasche
de s'y maintenir par mauvais
artifices si l'on ne le peut faire
autrement. C'est pourquoi
un Prince doit chercher les
moiens de diminuer autant
qu'il pourra le nombre des personnes oiseuses dans son Estat, & les contraindre de travailler, ou les chasser.

Platon estimoit qu'il falloit 53.
chasser hors de sa Republique
tous les mendians. Que si il y
a des personnes invalides par
leur vieillesse ou malades, qui
n'ont point de parens qui les

E   puis-

puiſſent nourrir, il faut les retirer dans des hoſpitaux publics. Car celui qui eſt content de peu de choſe n'a point beſoin de mendier.

54. Les Maſſiliens ne recevoient point autrefois dans leur ville certains ſacrificateurs qui portoient des images de lieu à autre pour en tirer proffit, pour ce qu'ils ſe ſervoient du pretexte de la Religion afin de vivre graſſement & ſans rien faire.

55. En general la fin des loix doit eſtre de ne faire tort à perſonne, ni au pauvre, ni au riche, ni au noble, ni au roturier, ni au libre, ni au Magiſtrat, ni à l'homme privé. Mais leur but principal doit eſtre de ſubvenir aux gens foibles & de petite condicion, pource que leur eſtat eſt plus expoſé aux injures. Il faut que leur malheur

heur qui les prive de la prote-
ction de la bonne fortune foit
diminué par l'humanité des
loix. Et il eft raifonnable qu'elles puniffent plus rigoureufement ceux qui outragent les
pauvres que ceux qui offen-
cent les riches, plus le Magi-
ftrat corrompu, que l'homme
populaire vicieux, plus un noble criminel qu'un roturier.

Comme dans les maladies   56.
il ne faut point efprouver de
remedes nouveaux, fi l'on peut
guerir le mal par les anciens;
ainfi il n'eft point neceffaire de
faire des loix nouvelles pour
remedier aux maux de la Republique, fi les anciennes peuvent les faire ceffer.

Il y avoit autrefois une loy   57.
par laquelle il eftoit ordonné
que les chofes qui auroient efté
jettées dans la mer pour eviter
le naufrage feroient prifes par

B 2   l'Adl'Admiral, non pas pour se les approprier, ni pour les faire tomber au Prince, mais pour les empescher d'estre occupée par des personnes injustes qui s'en rendroient les maistres. Et au cas que personne ne les revendiquast, elles estoient appliquées au public. Mais aujourd'hui il y a des lieux où tout ce qui est perdu sur mer est confisqué au proffit de l'Admiral, plus cruel en cela que la mer mesme. Car ce qui est eschappé à la tempeste, est ravi par celui-cy comme par une autre tempeste.

58.   Comme il n'y a rien qui doive estre plus commun ni plus esgal à tous que le Prince, ainsi est de la loy. Autrement il arrive ce que disoit fort bien le sage Grec, que *les loix ne sont que des toilles d'araignées, que les grands oyseaux rompent ayséement,*
& où

& où les mouches demeurent ar-
reſtées.

La loy auſſi bien que le Prin- 59.
ce doit avoir tousjours plus de
propenſion à pardonner qu'à
punir, non ſeulement pource
que c'eſt choſe plus debonnaire, & qui approche plus de la
methode de Dieu, dont la colaire procede fort lentement à
la vengeance, mais auſſi pource que le coupable qui s'eſt eſ-
chappé une fois peut eſtre puni une autre; mais on ne peut
pas ſecourir celui qui a eſté
condamné injuſtement.

Nous liſons qu'il y a eu au- 60.
trefois non pas des Princes
mais des tyrans, dont le Prince Chreſtien doit eſtre fort
eloigné, leſquels jugeoient de
la grandeur des crimes ſelon le
dommage qu'ils en recevoient:
de telle ſorte qu'ils ne faiſoient
pas grand cas d'un larcin par

E 3 le-

lequel un pauvre homme euſt
eſté deſpouillé de tous ſes
biens & reduit avec ſa femme
& ſes enfans à mendier ſa vie
ou à l'extremité de ſe pendre
par deſeſpoir : mais ils tenoient que c'eſtoit une choſe
bien criminelle & digne de
pluſieurs ſupplices , ſi l'on a-
voit fraudé d'un denier le fi-
ſque du Prince ou un partiſan
raviſſant. Ils s'eſcrioient auſſi
que la majeſté du Prince eſtoit
leſée , ſi quelqu'un murmuroit
tant ſoit peu contre quelque
mauvais Prince , ou s'il avoit
parlé avec un peu trop de liberté d'un meſchant Officier;
quoi que l'Empereur Adrian
qui eſtoit payen , & qu'il ne
faut pas mettre au nombre
des bons Princes , n'a jamais
voulu recevoir entre les crimes
celui de leſe Majeſté ; & que
Neron qui eſtoit tres cruel n'a
point

point affecté beaucoup les de-
lations; & qu'un autre a tout
à fait negligé semblables crimes, disant que *dans une ville li-*
bre les langues aussi devoient estre li-
bres.

Il n'y a donc point de cri-　61.
mes qu'un bon Prince doive
plus facilement & plus volontiers pardonner que les injures
qui le regardent en son particulier. Car à qui est-il plus facile de mespriser telles choses
qu'à un Prince ? Plus il luy est
aisé de se venger & plus il est
odieux & indecent qu'il le fas-
fe. Car la vengeance estant la
marque d'un cœur bas & pusil-
lanime, il n'y a rien si messeant
à un Prince qui doit avoir un
cœur haut & magnanime, que
d'en user.

Ce n'est pas assés à un Prin-　62.
ce d'estre net & exempt de
tout vice, il faut qu'il le soit

auffi de foupçon & d'apparence. C'eft pourquoi il ne doit
pas feulement confiderer ce
qu'a merité celui qui l'a offencé, mais auffi ce que les autres
penferont de lui mefme : & il
pardonnera quelquefois pour
le feul refpect de fa reputation
à celui qui ne l'a pas merité &
qui n'eft pas digne de pardon.

63.   Platon vouloit que ceux qui
eftoient prepofés pour maintenir les loix fuffent gens en-
tiers & incorruptibles. C'eft
pourquoi un bon Prince ne
doit point chaftier perfonne
plus rigoureufement que ceux
qui fe laiffent corrompre dans
l'adminiftration de la juftice.
Il eft donc expedient qu'il y
ait peu de loix, qu'elles foient
equitables & utiles au public.
Il faut en outre qu'elles foient
cognuës au peuple ; d'où vient
que les anciens les faifoient ef-
crire

crire en des tableaux & les ex-
posoient en public, afin qu'elles fussent manifestes à tous.
Enfin il faut qu'elles soient ex-
primées en mots clairs & intel-
ligibles, afin qu'on n'ait pas
grand besoin de se servir de ce
genre d'hommes qu'on appelle
Jurisconsultes ou Advocats,
dont la profession estoit autrefois attachée à des personnes
de grande probité & estoit
fort honorable, & peu lucra-
tive. Mais à present l'avarice
l'a gastée comme elle fait toutes choses.

Platon disoit qu'il n'y avoit 64.
point d'ennemi plus pernicieux à sa patrie que celui qui
soumet les loix à l'arbitrage
d'un homme, lesquelles ont
grande force sous un bon
Prince.

Le Prince doit requerir en 65.
ses Officiers la mesme integri-

E 5　　　　té

té qu'il a lui mesme ; ou du
moins qu'elle en approche. Et
il ne doit pas croire qu'il a tout
fait quand il a commis des Magiſtrats ; mais il doit beaucoup
prendre garde comment il les
commet. Et par apres il faut
encore qu'il ait l'œil à ce qu'ils
executent avec integrité leurs
commiſſions.

66.   Ariſtote nous advertit fort
prudemment que c'eſt en vain
qu'on fait de bonnes loix, s'il
n'y a des gens prepoſés pour
les faire bien obſerver. Autrement il arrive quelquesfois,
que de fort bonnes loix deviennent par la faute des Magiſtrats fort pernicieuſes au public.

67.   Encores qu'on ne doive pas
elire un Magiſtrat par la conſi-
deration de ſes biens , de ſa
naiſſance ou de ſon âge, mais à
cauſe de ſa ſageſſe & de ſon in-
te-

tegrité, neantmoins il est plus
convenable & plus seant que
ceux qui sont advancez en âge
soient admis aux charges importantes à l'Estat, non seulement pource que l'experience
les rend plus prudens, & que
leurs passions sont plus mode-
rées, mais aussi pource que la
vieillesse leur donne plus d'autorité dans le peuple. Au sur-
plus Platon defent de recevoir des Magistrats qui ayent
moins de cinquante ans & plus
de soixante & dix. Et il ne veut
pas qu'on admette au Sacerdo-
ce celui qui n'a pas atteint
soixante ans. Car comme l'âge
a sa maturité, il a aussi sa deca-
dence à laquelle il faut donner
congé & relasche de toutes affaires.

Tout ainsi qu'un concert de 68.
musique est chose tres agreable
quand il est bien conduit par
E 6   ordre

ordre & par bons accords ; &
au contraire qu'il devient un
spectacle ridicule, quand il y
a confusion de gestes & de
voix : ainsi une Ville , ou un
Royaume est une chose magni-
fique si chacun tient son lieu
& sa place , & s'acquitte dignement de sa fonction ; c'est
à dire si le Prince fait ce qui est
digne d'un Prince , si les Magistrats & Officiers s'acquittent
bien de leurs charges , si le peuple obeït volontiers aux bonnes loix & aux bons Magi-
strats. Mais quand le Prince
ne songe qu'à faire ses affaires
particulieres , quand les Magistrats ne font que piller le peuple , quand le peuple n'obeït
pas aux bonnes loix , mais
s'accommodant au temps flat-
te le Prince & ses Officiers ,
il faut necessairement que
toutes choses tombent dans
le

le defordre & la confufion.

Le premier & principal foin 69.
que doit avoir un Prince eft
de tafcher à bien meriter du
public. Or il ne peut le faire
mieux, qu'en mettant ordre
que les offices & magiftratures
ne foient poffedées que par des
gens de probité & qui foient
amateurs du bien public.

Qu'eft-ce autre chofe qu'un 70.
Prince, finon un medecin de
la Republique ? Or il ne fuffit
pas à un medecin d'avoir fous
lui des gens experts, s'il n'eft
lui mefme bien expert & vigilant. Ainfi ce n'eft pas affez à
un Prince d'avoir fous lui de
bons Officiers, fi lui mefme
n'a toute la fuffifance & l'integrité neceffaire pour les bien
choifir & les corriger.

Comme toutes les parties 71.
de l'ame n'ont pas une mefme
faculté, mais que les unes com-

man-

mandent, & les autres obeïffent, & que le corps feul obeït
fans commander, ainfi le Prince
qui eft la premiere partie de la
Republique commande : c'eft
pourquoi il doit eftre fort def-
taché de toutes paffions & affections dereglées. Les Magiftrats doivent approcher de
cette perfection, pource que
s'ils obeïffent au Prince, ils
commandent au peuple. Dont
il s'enfuit que le principal bonheur d'une Republique confifte en ce que les Magiftrats
foient creés & les charges
données avec pureté & fans
intereft. En apres il faut que
chacun rende compte de fon
adminiftration, comme autrefois il y avoit action de repeti-
tion contre ceux qui avoient
mal ufé des deniers publics.
Et finalement il faut rigoureufement chaftier ceux qui auront

ront esté convaincus d'avoir
mal versé.

Or les Magistrats seront 72.
creés avec pureté si le Prince
n'y admet pas ceux qui en donneront le plus d'argent, qui
les brigueront avec empresse-
ment, qui seront ses plus proches parens, qui adhereront
le plus à ses volontez & desirs;
mais ceux qui seront les plus
accomplis en vertu & en probité, & qui auront le plus de
capacité pour exercer leur
charge.

Mais quand le Prince vend 73.
les charges au plus offrant, que
peut-il attendre de ses Officiers, sinon qu'ils revendront
apres ce qu'ils auront achepté,
& qu'ils feront tout leur possible pour se rembourser de leur
argent? Et c'est pour cette raison que les loix imperiales veulent que les Princes donnent
des

des gages competens à leurs ju-
ges, afin qu'ils n'ayent point
fubjet de chercher à gagner
ailleurs.

74. Le crime d'un juge corrompu eſtoit autrefois eſtimé tres
grand. Mais de quel front le
Prince pourra-t-il punir un juge qui corrompu par preſens
aura donné ſa ſentence ou aura
deſnié de rendre juſtice, veu
que lui meſme a vendu l'office
de judicature à beaux deniers
comptans, & a le premier enſeigné à ſon juge cette corru-
ption? Que le Prince donc
traitte ſes Officiers comme il
veut qu'ils traittent ſon peuple.

75. Ariſtote dit fort ſagement
en ſes Politiques, qu'il faut ſur
tout empeſcher que les Magiſtrats ne tirent proffit des em-
plois qu'ils exercent ; pource
qu'autrement il en arrive double mal; le premier, que les
plus

plus avares & les plus corrom-
pus les briguent & les empor-
tent ; l'autre eſt que le peuple
en reçoit deux prejudices notables, eſtant d'un coſté exclus
des honneurs & de l'autre privé de ſon gain qui s'en va au
Magiſtrat.

Le bon & ſage Prince taſ-
chera d'eſtre en paix avec tout
le monde , mais principalement avec ſes voiſins. Car s'ils
ſont ſes ennemis ils peuvent
beaucoup lui nuire , & beaucoup lui ſervir s'ils ſont ſes a-
mis, les Eſtats ne pouvant pas
ayſément ſubſiſter ſans avoir
commerce enſemble. Ce qui
entretient mieux l'amitié entre
les peuples eſt la langue com-
mune, la proximité du païs,
& la conformité des mœurs. Il
y a entre certaines nations une
ſi grande diſparité en toutes
choſes, qu'il eſt meilleur de
n'avoir

76.

n'avoir nul commerce avec
eux, que d'eſtre dans leur alliance. Il y en a d'autres qui
ſont ſi eloignées, que quand
elles auroient toute ſorte de
bonne volonté de ſervir elles
ne le pourroient pas faire. Enfin il y en a de ſi faſcheuſes, ſi
difficiles, ſi perfides & ſi inſo-
lentes, que quoi qu'elles ſoient
proches on ne peut faire aucun
eſtat de leur amitié. Avec tels
peuples ce ſera fait prudemment de n'avoir ni guerre, ni
alliance, pource que la guerre
eſt touſjours ruïneuſe, & l'a-
mitié d'aucuns n'eſt gueres
plus tolerable que la guerre.

77.   La cognoiſſance donc des
eſprits & des mœurs de toutes
les nations fera une partie de
la ſageſſe d'un Roy; laquelle
choſe il pourra apprendre en
partie par la lecture des livres,
& en partie par le recit des gens.

ſça-

fçavans & de ceux qui les ont
frequentées, fans qu'il lui foit
neceffaire de vaguer par terre
ni par mer comme fit Ulyffe.
Car nous n'avons que faire
d'appeller à nous ni auffi d'atta-
quer ceux dont la religion eft
differente de la noftre, ni ceux
que la providence de la nature
a feparez de nous par les mon-
tagnes, & les mers, ni ceux
dont nous fommes beaucoup
efloignés par la grande diftan-
ce des lieux. Il y a beaucoup
d'exemples qui nous doivent
faire perdre cette penfée. Mais
il y en a un dans noftre voifi-
nage, qui fuffit feul pour tous.
Le Royaume de France eft le
plus floriffant de l'univers,
mais il le feroit encore davantage, s'il s'eftoit abftenu de faire la guerre en Italie.

Ce n'eft pas mefme traitter
les filles avec beaucoup d'humanité

78.

manité de les envoier comme
en exil pour mariage en des
païs eloignez & avec des hommes dont la langue, la forme,
les mœurs, & les esprits, sont
tout à fait differens des noſtres,
leſquelles paſſeroient leur vie
plus heureuſement & avec
moins de trouble dans leur
païs natal.

79.   Un Prince bien inſtruit dans
la doctrine & les preceptes de
Jeſus Chriſt n'aura rien de plus
cher, ou plutoſt n'aura rien
qui lui ſoit cher comme la
felicité de ſon peuple, qu'il
doit aymer & ſoigner comme
ſon propre & unique corps. Il
appliquera à cela toutes ſes
penſées, tous ſes efforts & toutes ſes affections; & il admini-
ſtrera le païs qui lui eſt donné
en garde, avec tant de ſoin &
de fidelité, que tout ce qu'il
fera puiſſe eſtre approuvé de
Jeſus

Jefus Chrift quand il lui en de-
mandera compte & laiffer de
lui une bonne & honorable
memoire parmi les hommes à
venir.

Homere dit qu'un Prince ne 80.
peut jamais avoir le loifir de
dormir une nuiçt entiere. Et
toutefois il y en a à prefent qui
ne s'eftudient à autre chofe
qu'à chercher tous les jours
des divertiffemens nouveaux,
à quoi ils paffent toute leur
vie, comme fi ils n'avoient
rien du tout à faire. Un bon
Pere de famille ne manque
jamais d'occupation dans fa
maifon, & un Prince ne
trouvera rien à faire dans l'e-
tenduë d'une fi vafte domina-
tion?

Un Prince a tousjours des 81.
affaires. Tantoft il faudra corriger les mauvaifes mœurs par
de bonnes loix, tantoft il faudra

dra reformer les couſtumes
abuſives, tantoſt il faudra abo-
lir les mauvaiſes, pourvoir à
de bons Officiers, chaſtier ou
reprimer ceux qui ſont cor-
rompus. Il faudra chercher des
expediens pour s'empeſcher de
charger le peuple le moins
qu'on pourra, il faudra purger
le païs de voleries & de male-
fices avec le moins d'effuſion
de ſang qu'il ſe pourra faire. Il
faudra pourvoir aux moiens
de nourrir & entretenir une
paix & union perpetuelle entre
les concitoiens. Il y a encore
d'autres affaires qui ſont moins
importantes, mais qui ne ſont
pas pourtant à negliger, ni indignes d'un Prince, comme de
viſiter les villes mais ſeulement
à deſſein d'y mettre toutes
choſes en meilleur eſtat, forti-
fier les lieux qui ne ſont pas
bien ſeurs, les orner d'edifices
pu-

publics, les accommoder de
ponts, de portes, de temples,
de chauſſées, d'aqueducs ; de
purger les lieux ſubjets à la pe-
ſte ou bien en changeant les
baſtimens, ou deſſeichant les
marais ; deſtourner le cours
des rivieres qui apportent de
l'incommodité au public, approcher ou eloigner la mer
pour la commodité publique,
faire labourer les terres qui
ſont en friche pour avoir plus
grande abondance de bleds,
cultiver d'une autre maniere
celles qui ne ſont pas propres
à ce qu'elles portent, comme
d'oſter les vignes des lieux où
le vin ne vaut pas la peine des
façons pour y mettre du fro-
ment s'il y peut proffiter. Il y a
une infinité de choſes ſembla-
bles auſquelles il ſera honno-
rable & meſme agreable à un
bon Prince de s'appliquer; ſans
qu'il

qu'il lui foit jamais befoin pour
eviter l'ennui & l'oifiveté ni
de faire la guerre , ni de paffer
les nuicts à jouër aux cartes &
aux dez.

82.　　Comme les corps celeftes
ne peuvent fi peu fe defvoier
ou varier de leur cours ordinaire, qu'ils ne caufent beaucoup de dommage aux chofes
de la terre , ainfi que nous
voions aux eclipfes du Soleil
& de la Lune: de mefme quand
les Souverains fe deftournent
tant foit peu du droit chemin
de la vertu & honnefteté,
quand ils font quelque chofe
par ambition, par colaire ou
par folie , ils ne le font qu'au
grand prejudice de tout le
monde. Car jamais Eclipfe
n'affligea fi fort le genre humain, qu'a fait la diffenfion qui
a efté entre le Pape Jules &
Louïs XII Roy de France,dont
nous

nous avons veu & pleuré depuis peu les malheurs.

Un Prince ne doit jamais 83.
rien faire precipitemment ni
fans bon confeil : mais s'il y a
chofe au monde où il doive aller lentement, c'eft à faire la
guerre. Car il eft vrai qu'il vient
beaucoup de maux de plu-
fieurs autres chofes : mais dans
la guerre toutes les meilleures
chofes du monde font naufrage, & il s'en forme un ocean
de toutes les plus mauvaifes &
les plus deteftables. Y a-t-il
calamité au monde qui de-
meure plus obftinément attachée que celle-là ? Une guerre
en engendre une autre, une
petite en fait une grande, une
feule en produit deux, d'une
guerre faite à plaifir il en naift
une ferieufe & fanglante. C'eft
une pefte qui gagne de païs
en païs, & qui paffe des Pro-

F   vinces

vinces voiſines aux eloignées.

84. Un bon Prince donc n'entreprendra jamais la guerre, qu'apres avoir tenté tous les moiens poſſibles de l'eviter. Que ſi nous eſtions dans cet eſprit, à peine y auroit-il jamais de guerre entre nous. Mais enfin ſi on ne peut ſe diſpenſer d'un mal ſi peſtilentieux, du moins le Prince fera tous ſes efforts, qu'elle ſe faſſe avec le moins de perte des ſiens, & le moins d'effuſion du ſang Chreſtien qu'il ſe pourra, & qu'elle ſoit terminée en peu de temps.

85. Premierement le Prince Chreſtien conſiderera combien il y a de difference entre l'homme, lequel eſt né pour vivre en paix & amitié avec ſon ſemblable, & les beſtes feroces qui ſont nées pour la proïë & pour la guerre : en apres quelle

quelle difference il y a entre un
homme & un homme Chreſ-
tien; & encore combien la
paix eſt choſe ſouhaittable,
honneſte , & ſalutaire. Au
contraire il peſera combien la
guerre eſt choſe ruïneuſe & de-
teſtable, quelle foule de maux
& de calamités produit celle
meſme qu'on eſtime la plus juſte, s'il y en a pourtant aucune
qu'on puiſſe appeller de ce
nom. Finalement apres s'eſtre
deſpouillé de toute paſſion &
preoccupation d'eſprit il con-
ſultera ſa propre raiſon en ſup-
putant combien la guerre lui
couſtera, quand meſme la victoire, qui bien ſouvent ne fa-
voriſe pas la meilleure cauſe,
lui ſeroit aſſeurée, ſi la deſpenſe n'excedera pas le gain. Com-
ptés par le menu tous les
ſoins, les ſoucis , les deſpen-
ſes, les perils, l'appareil long

F 2   & ſaſ-

& fascheux, quelle lie d'homme scelerats il faut mettre ensemble, quel abaissement il
faut que le Prince fasse en donnant son argent à un soldat
mercenaire le plus infame &
le plus execrable de tous les
hommes, & tout cela seulement pour paroistre avoir plus
de courage que son ennemi.
Il n'y a rien qui doive estre plus
cher à un bon Prince que d'a-
voir de bons subjets. Mais qu'y
a-t-il de plus pernicieux & plus
contraire aux bonnes mœurs
que la guerre ? Il n'y a rien
qu'un Prince doive plus sou-
haitter que de conserver la vie
& les biens à ses subjets. Mais
apprenant à la jeunesse de son
Royaume à faire la guerre, il
est contraint de l'exposer à une
infinité de perils, & souvent en
une heure il fait un nombre in-
concevable de Veuves &
d'Or-

d'Orphelins, il prive quantité
de vieillards de leurs enfans,
il fait un nombre infini de pauvres qu'il reduit à la mendicité,
& qu'il rend du tout misera-
bles. Il n'y a donc rien au
monde sur quoi un Prince doive tant consulter, que quand
il est question d'entreprendre
une guerre.

Le precepteur d'un Prince 86.
doux & clement lui represen-
tera encore que la plus grande
partie de ces maux innombra-
bles que produit la guerre
tombe sur ceux qui n'en tirent
aucun advantage, & qui me-
ritent le moins d'estre si mal-
traittés.

Apres que le Prince aura 87.
bien compté par le menu tous
ces maux (si pourtant il est
possible d'en faire le calcul),
alors il raisonnera ainsi en lui
mesme : je serai moy seul la

F 3   cause

cauſe de toutes ſes miſeres.
Tant de ſang humain reſpan-
du , tant de veuves, tant de
maiſons en deuil , tant de vieillards privez de leurs enfans,
tant de pauvres reduits à la
mendicité : enfin la ruïne to-
tale des mœurs, des loix, &
de la pieté , tout cela ſera im-
puté moy ſeul, & ce ſera à
moy à payer toutes ces dettes-
la à Jeſus Chriſt.

88.   Un Prince ne peut ſe venger
de ſon ennemi , qu'il n'ait fait
auparavant des actes d'hoſtili-
té contre ſes propres ſubjets.
Car il faut que le peuple ſoit
deſpouillé , que les ſoldats
ſoient logez, que les habitans
d'un païs qui y jouiſſoient pai-
ſiblement de leurs biens en
ſoient chaſſez, que les bourgeois d'une Ville y ſoient en-
fermés pour y enfermer avec
eux les ennemis. Et fort ſouvent

vent il arrive que nous com-
mettons contre nos propres
subjets des choses plus cruelles
que contre nos ennemis mef-
mes.

Comme il est plus difficile, 89.
aussi il est plus glorieux de baf-
tir une belle Ville que de la
destruire. Cependant nous
voions de belles & grandes
Villes qui ont esté basties par
des particuliers, lesquelles ont
esté ruïnées par la colaire des
Princes. Et souvent nous de-
molissons une Ville avec plus
de peine & de despense qu'on
n'en pourroit bastir une nouvelle : & nous faisons la guerre
avec tant de frais, tant de pertes, tant d'inquietude & de
peine d'esprit, que la paix ne
nous auroit pas cousté la
dixiesme partie qu'à fait la
guerre.

Un bon Prince doit tous- 90.
F 4   jours

jours affecter la gloire qui s'acquiert fans effufion de fang &
fans faire mal à perfonne. Or
dans la guerre quand bien mefme l'iffuë en feroit bonne,
toutefois le bonheur de l'un eft
tousjours la ruïne de l'autre;
& fouvent il arrive que le vain-
queur pleure fa victoire pour
lui avoir trop coufté.

91.   Si nous ne fommes pas ef-
meus par la pitié, ni par la con-
fideration des calamités publi-
ques, au moins devons-nous
eftre touchés de l'honneur du
nom Chreftien. Car que croi-
rons-nous que les Turcs & les
Sarrafins peuvent dire de nous,
voians que depuis tant de fie-
cles les Princes Chreftiens
n'ont pû encore s'accommoder enfemble, que nuls traittés
n'ont efté capables de leur
donner la paix ? qu'il n'y a
point de fin à l'effufion de leur
pro-

propre ſang ? bref qu'il y a
moins de diviſions & de querelles entre les infideles, qu'entre ceux qui font profeſſion,
ſelon la doctrine de Jeſus
Chriſt, d'une eſtroitte liaiſon
& concorde ?

Combien la vie de l'hom- 92.
me eſt-elle brefve & fragile ?
a combien de miſeres eſt-elle
expoſée ? de combien de maladies, d'accidens, de ruïnes,
de naufrages, de tremblemens
de terre , de foudres eſt-elle
aſſaillie ? il ne falloit donc
point y joindre encore d'autres
maux par la guerre : & toutefois il en arrive plus de la guerre ſeule que de toutes les autres
calamités.

Nous ſommes en un temps 93.
où communement l'Anglois
hait le François ſans autre raiſon ſinon qu'il eſt François;
L'Eſcoſſois hait l'Anglois ſeu-

F 5   lement

lement pource qu'il eſt Anglois ; L'Italien hait l'Allemand ; Le Lansquenet le Suiſſe ; Et ainſi eſt des autres. Une region eſt ennemie de l'autre ; une Ville d'une autre Ville. Pourquoi cette folle diſtinction de noms a-t-elle plus de pouvoir pour nous diviſer, que le nom commun de Chreſtiens n'en a pour nous unir & nous lier tous enſemble de cœur & d'affection ?

EPI-

EPITHETES

Du bon & mauvais R o y,

Tirés du mesme Livre de l'Institution
du Prince Chrestien , [1] *lesquels Era-*
sme a pris de Julius Pollux [2] *Prece-*
pteur de l'Empereur Commode.

[1] Operum Erasmi tom. 4. pag. 444.

[2] In Dictionario, cap. 2. de Regiis nominibus.

IL est important de sçavoir de quels Epithetes Julius Pollux a marqué les differens noms & qualités du Roy & du Tyran en parlant à l'Empereur Commode , qu'il avoit institué en sa jeunesse. Car ayant joint le Roy incontinant apres les Dieux comme leur estant proche & semblable , *Quand vous voudrés ,* dit il *, loüer un Roy , dites qu'il est Pere , doux , paisible , debonnaire , prevoiant , equitable , humain , magnanime , libre , mesprisant les richesses , non subjet à ses passions , commandant à soy mesme ,*

F 6 *mais-*

maiſtre de ſes plaiſirs, uſant de raiſon, de parfait jugement, clair-
voiant, circomſpect, puiſſant en
conſeil, juſte, ſobre, ſervant Dieu,
ſoigneux des affaires de ſes ſubjets,
ſtable, ferme, infaillible, penſant
à choſes grandes, plein d'autorité,
induſtrieux, reſolu & actif en ſes
affaires, ſoigneux de ſes ſubjets, leur
conſervateur, prompt à bien faire à
autrui, tardif à ſe venger, certain,
conſtant, inflexible, enclin à juſtice,
tousjours attentif à ce qui ſe dit du
Prince, ſemblable à la balance, de
facile accés, doux à l'abord, commode à qui lui veut parler, agreable, expoſé à un chacun, ſoigneux
de ceux qui lui obeïſſent, aymant ſes
ſoldats, noble & vaillant en guerre
mais ſans l'affecter, aymant la paix,
applique à corriger les mœurs du peuple, expert en ſa charge de chef &
de Prince, ſçavant à faire bonnes &
ſalutaires loix, né à bien meriter
d'autrui, & d'eſpece divine. Ainſi
il y

*il y a beaucoup d'autres chofes qui
pourroient fe dire en cette matiere
par un difcours continu , lefquelles
ne peuvent fe donner à entendre par
des mots finguliers.* Jufques icy
noùs avons expliqué les pen-
fées de Julius Pollux. Que fi un
Gouverneur payen a prefenté
un tel tableau du Prince à un
payen , combien doit eftre plus
faint celui qui doit eftre propofé à un Chreftien ?

Maintenant voions de quelles couleurs ce mefme Auteur
a depeint un Tyran. *Vous blaf-
merés le mauvais Prince en cette façon. Tirannique , cruel , farouche ,
violent , prenant le bien d'autrui ,
avide de richeffes , & , comme il eft
dit par Platon , convoiteux d'argent ,
raviffeur , ou , comme Homere , de-
vorateur du peuple , fuperbe , hau-
tain , de difficile accés , fafcheux à
l'abord , rude en paroles , mauvais
en colaire , ayfé à irriter , terrible ,*

F 7   *turbu-*

turbulent, esclave de ses plaisirs, intemperant, sans moderation, inconsideré, inhumain, injuste, maladvisé, inique, impie, sans esprit, leger, inconstant, aysé à tromper, difficile, cruel, adonné à ses voluptés, incorrigible, injurieux, auteur de guerre, dur, fascheux, emporté, intolerable.

Chapi-

Chapitre XVIII, ¹ du Livre V,

D E S

M E M O I R E S

D E

PHILIPPE DE COMINES.

Discours sur ce que les Guerres & divisions sont permises de Dieu, pour le chastiment des Princes & du peuple mauvais : avec plusieurs bonnes raisons & exemples advenus du temps de l'Auteur pour l'endoctrinement des Princes.

E ne puis penser comment Dieu a tant preservé cette ville dont tant de maux sont advenus, & qui est de si peu d'utilité pour le païs, & chose publique dudit païs, où elle est assise, & encores beaucoup moins pour le Prince : & n'est pas com-

¹ Dans l'edition de Comines du l'impression de Louvre, in fol. l'an 1649, pag. 214. il y a à costé de ce Chapitre les mots qui suivent. 1477. Excellent & admirable Chap. digne d'estre releu plusieurs fois, dans lequel l'Auteur avec des sentimens justes & equitables, &

par des veritez tout à fait Chrestiennes conseille les vertus & dissuade des vices.

comme Bruges, qui eſt un lieu
de grand recueil de marchan-
diſe & de grand' aſſemblée de
nations eſtranges, où paraven-
ture ſe depeſche plus de mar-
chandiſe qu'en nulle autre ville
d'Europe, & ſeroit dommage
irreparable qu'elle fut deſtrui-
te. Au fort, il me ſemble que
Dieu n'a creé aucune choſe en
ce monde, ni hommes, ni beſtes, à qui il n'ait fait quelque
choſe ſon contraire, pour le
tenir en crainte & en humilité.
Et ainſi cette ville de Gand eſt
bien ſituée là où elle eſt, car ce
ſont les païs de la Chreſtienté
plus adonnez à tous les plaiſirs,
en quoi l'homme eſt enclin, &
pluſieurs pompes & ² delices.
Ils y ſont bons Chreſtiens : &
y eſt Dieu bien ſervi & honoré. Et n'eſt pas cette ² maiſon
de Bourgongne ſeule, à qui
Dieu ait donné quelque aiguil-
lon.

Toute choſe a ſon contraire au monde pour ſon bien.

1 V. deſpen-ſes.

2 V. nation ſeule.

lon : car au Royaume de France a donné , pour oppofite , les
Anglois , & aux Anglois les
Efcoffois. Au Royaume d'E-
fpagne, Portugal. Je ne veux
point dire Grenade , (car ceux-
là font ennemis [1] de la foy)
toutesfois jufques ici ledit païs
de Grenade a donné de grands
troubles au païs de Caftille.
Aux Princes d'Italie (dont la
plufpart poffedent leurs terres
fans titre : s'il ne eft donné au
ciel : & de cela ne pouvons finon deviner) lefquels domi-
nent cruellement & violente-
ment fur leurs peuples , quant
à leurs deniers , Dieu leur a
donné pour oppofite, les villes
de communauté, qui font audit païs d'Italie : comme Veni-
fe, Florence, Genes, quelquefois Boulongne , Senes , Pife ,
Luques , & autres : lefquelles ,
en plufieurs chofes font oppo-
fites,

[1] entant que lors y re-gnoient les mef-creans.

fites aux Seigneurs, & les Seigneurs à elles : & chacun a
l'œil que fon compagnon ne
s'accroiffe. Et pour en parler
en particulier, à la maifon
d'Arragon a donné la maifon
d'Anjou pour oppofite : & à
ceux des Sforces, ufurpants le
lieu des Vicontes en la Duché
de Milan la maifon d'Orleans:
& combien que ceux de de-
hors foient foibles, ceux qui
font fubjets au Roy, encore

r V. en
ont-ils
debouté.
mais il
raye tout
depuis, &
combien
jufques
aux Ve-
nitiens.

par fois ils en ont douté. Aux
Venitiens ces Seigneurs d'Italie (comme j'ai dit) & davantage les Florentins. Aufdits Florentins ceux de Senes & de Pife, leurs voifins, & les Genevois. Aux Genevois, leur mauvais gouvernement : & la faute
de foy des uns envers les autres, & gifent leurs partialitez
en ligues : comme de Fourgou-
ze, d'Adorne, & d'Orie, &
au-

autres. Cecy eſt tant veu qu'on
ne ſçait aſſez. Pour Allemagne
vous avez, & de tout temps, gne.
la maiſon d'Auſtriche & de
Baviere contraires: & en particulier, ceux de Baviere contraires l'un à l'autre. La maiſon
d'Auſtriche en particulier, &
les Suiſſes : & ne fut le commencement de leur diviſion
qu'un village, appellé Suiſſe
(qui ne ſçauroit faire ſix cens
hommes) dont les autres portent le nom : qui ſe ſont tant
multipliez, que deux des meilleures villes qu'euſt ladite maiſon d'Auſtriche, en ſont (comme Surich & Fribourg), & ont
gaigné de grandes batailles :
eſquelles ont tué des Ducs
d'Auſtriche. Maintes autres
partialitez y a en cette Allemagne : comme ceux de Cléves
contre ceux de Gueldres: &
les Ducs de Gueldres contre

Contrarieté en Allemagne.

Suiſſe village commencement.

Surich & Fribourg anciennement de la maiſon d'Auſtriche.

les

les Ducs de Julliers. Les Oſtre-
lins (qui ſont ſituez tant avant
en ce North) contre les Rois
de Dannemarq. Et pour parler d'Allemagne en general, il
y a tant de fortes places & tant
de gens enclins à mal faire, &
à piller & deſrober, & qui u-
ſent de force & violence, les
uns contre les autres, pour petite occaſion, que c'eſt choſe
merveilleuſe. Car un homme,
qui n'aura que lui & ſon valet,
deſfiera une groſſe cité, & un
Duc, pour mieux pouvoir deſrober, avec le port de quelque petit chaſteau rocher, où
il ſe fera retrait, y ayant vingt
ou trente hommes à cheval, qui
courront deſfier à ſa requeſ-
te. Ces gens ici ne ſont gueres de fois punis des Princes
d'Allemagne (car ils s'en veulent ſervir, quand ils en ont
affaire): mais les villes, quand
elles

elles les peuvent tenir, les pu-
niſſent cruellement : & ſouven-
tesfois ont bien aſſiegé de tels
chaſteaux, & abbatu : & auſſi
tiennent leſdites villes ordinai-
rement des Gens-d'armes
payez & gagez, pour leur ſeu-
reté. Ainſi ſemble que ces
Princes & villes d'Allemagne
vivent (comme je di) faiſans
charier droit les uns les autres,
& qu'il eſt neceſſaire qu'ainſi
ſoit, & pareillement par tout
le monde. Je n'ai parlé que
d'Europe, car je ne me ſuis
point informé des deux autres
parts (comme d'Aſie & d'Afri-
que) mais bien oyons-nous dire qu'ils ont guerres & diviſions, comme nous, & encores plus mecaniquement, car
j'ai ſceu en cette pratique pluſieurs lieux, où ils ſe vendent
les uns les autres, aux Chreſtiens : & apert ce par les Portu-
galois

galois qui maints esclaves en
ont eu, & ont tous les jours :
mais quant à cela, je doute que
ne le devons point trop reprocher aux Sarrazins, & qu'il y
a des parties en la Chrestienté,
qui en font autant : mais ils sont
situez sous le pouvoir du Turc,
ou fort voisins, comme en aucunes parties de la Grece.

Il pourroit donc sembler
que ces divisions fussent necessaires par le monde : & que ces
aiguillons & choses opposites
(dont j'ai parlé dessus) que
Dieu a données à chacun estat,
& quasi à chacune personne
soient necessaires, & de prime
face, & parlant comme homme non lettré, qui ne veut tenir opinion que celle que devons tenir, le me semble ainsi :

Bestialité ou mauvaistié és Princes. & principalement par la bestialité de plusieurs Princes, &
aussi par la mauvaistié d'autres,

tres, qui ont fens affez; & experience, mais en voulant mal-
ufer : car un Prince, ou homme, de quelque eftat qu'il foit,
ayant force & autorité là où Sçavoir
il demeure, & par-deffus les au- amende
tres, s'il eft bien lettré, & qu'il ou empire.
ait veu ou leu, cela l'amendera
ou empirera : car les mauvais
empirent de beaucoup fçavoir,
& les bons en amendent. Mais
toutesfois, il eft à croire que le
fçavoir amende plutoft un
homme, qu'il ne l'empire : &
n'y euft-il que la honte de cognoiftre fon mal, fi eft-ce affez
pour le garder de mal faire : au
moins de n'en faire pas tant :
& s'il n'eft bon, fi voudra-il
feindre de ne vouloir faire nul
tort à perfonne : & en ai veu
plufieurs experiences entre les
grands perfonnages, & que le
fçavoir les a retirez de bien
mauvais propos, & fouvent,
&

& auſſi la crainte de la punition
de Dieu, dont ils ont plus grande cognoiſſance que les gens
ignorans, qui n'ont ne veu ne
leu. Je veux donc dire que
ceux qui ne ſe cognoiſſent, &
ſont mal ſages, par faute d'a-
voir eſté bien nourris, & que
leur complexion paradventure
y aide, n'ont point de cognoiſſance juſques là où s'eſtend le
pouvoir & ſeigneurie que
Dieu leur a donné ſur leurs
ſubjets : car ils ne l'ont leu, ni
entendu par ceux qui le ſçavent : & peu les hantent qui le
ſçachent : & ſi aucuns en y a
qui le ſçavent, ſi ne le veulent-
ils dire, de peur de leur deſ-
plaire : & ſi aucun leur en veut
faire quelques remonſtrances,
nul ne le ſouſtiendra ; & au
mieux venir, les tiendront à
fol : & paradventure ſera pris
au plus mauvais ſens pour lui.

Faut

Procez des Rois & Prin-ces mal inſtruits & ſui-vans leur comple-xion.

Faut donc conclurre que la raifon naturelle de noftre fens,
ne pour l'apprehenfion, ne l'a-
mour de noftre prochain ne
nous garde point d'eftre vio-
lents les uns contre les autres,
ne de retenir l'autrui ou de lui
ofter le fien par toutes voyes
qui nous font poffibles. Et fi
les grands tiennent villes ou
chafteaux de leurs parens ou
voifins, pour nulles de ces raifons ne les veulent rendre : &
apres que une fois ils ont leur
couleur, & fondé leurs raifons
pourquoi les detiennent, chacun des leurs louë leur langage, au moins des prochains,
& ceux qui veulent eftre bien
d'eux. Des foibles, qui ont divifion, je n'en parle point, car
ils ont fuperieur qui aucunes-
fois fait raifon aux parties, au
moins celui, qui aura bonne
caufe & la pourchaffera bien

G

& defendra & defpendra largement, à longueur de temps
aur afa raifon, fi la Cour (c'eft
à dire le Prince, en fon autorité, fous lequel il vit) n'eft
v. Donc contre lui. Ainfi doit eftre
eft vray vrai-femblable que Dieu eft,
que quafi efforcé, & contraint, ou
femons de monftrer plufieurs
fignes, & de nous battre de
plufieurs verges, par noftre beftialité, & par noftre mauvaiftié, que je croy mieux : mais
la beftialité des Princes, &
leur ignorance, eft bien dangereufe, & à craindre : car
1 V. ¹ Dieu depart le mal & le bien
d'eux. ² des Seigneurs. Et doncques,
2 de
leurs Sei- fi un Prince eft fort, & a grand
gneuries. nombre de gen-d'armes, par
l'autorité defquels il a grands
deniers à volonté pour les
payer, & pour defpendre en
toutes chofes volontaires, &
fans neceffité de la chofe publique,

que , & que de celle folle &
outrageuſe deſpenſe ne veuille
rien diminuer, & que chacun
n'entende qu'à lui complaire ,
& que, touchant faire remonſ-
trance, on n'acquiert que ſon
indignation , & ſi n'y gaigne
l'on rien, qui pourra y mettre
remede , ſi Dieu ne l'y met ?
Dieu ne parle plus aux gens :
ny n'eſt plus de Prophetes, qui
parlent par ſa bouche : car ſa
foy eſt aſſez ¹ ample & eſten- ¹ v. exaucée
duë, & toute notoire, à ceux & enten-
qui la veulent entendre & ſça- duë.
voir : & ne ſera nul excuſé pour
ignorance : au moins de ceux
qui ont eu eſpace & temps de
vivre , & qui ont eu ſens naturel. Comment doncques ² eſ- ² v. ſe
chaperont les hommes forts, chaſtie-
& qui tiennent leurs Seigneu- ront ces.
ries dreſſées en tel ordre, que
par force enlevent à leur plaiſir ? parquoy maintiennent leur

G 2   obeïſ-

obeïffance, & tiennent ce qui
eft fous eux en grand' fubje-
ction : & le moindre commandement qu'ils font, eft tousjours fur la vie ? Les uns puniffent fous ombre de juftice : &
ont gens de ce meftier, prefts
à leur complaire : qui d'un peché veniel, font un peché mortel. S'il n'y a matiere, ils trouvent les façons de diffimuler à
ouïr les parties & les tefmoins,
pour tenir la perfonne , & la
deftruire en defpenfe , atten-
dant tousjours fi nul ne fe veut
plaindre de celui qui eft dete-
nu , & à qu'ils en veulent. Si

Injufti-
ces di- cette voye ne leur eft feure af-
verfe- fez , & bonne pour venir à leur
ment
defgui- intention , ils en ont d'autres
fées au plus foudaines : & difent qu'il
monde eftoit bien neceffaire , pour
contre &
voifins, donner exemple : & font les
& fujets, cas tels qu'ils veulent, & que
& tous
eftats. bon leur femble. A d'autres,
                                    qui

qui tiennent d'eux, & qui sont
un peu forts, procedent par la
voye de fait, à leur dire; Tu
desobeïs, ou fais contre l'hommage que tu me dois : & procedent par force à lui oster le
sien , si faire le peuvent (au
moins il ne tient point à eux)
& le font vivre en grande tri-
bulation. Celui qui ne leur est
que voisin (s'il est fort & aspre)
ils le laissent vivre : mais s'il est
foible, il ne sçait où se mettre.
Ils diront qu'il a soustenu leurs
ennemis : ou ils voudront faire
vivre leurs gend'armes en son
païs: ou achepteront querelles,
ou trouveront occasion de le
destruire : ou soustiendront
son voisin contre lui , & lui
presteront gens. De leurs subj-
jets, ils desappointeront ceux,
qui auront bien servi leurs pre-
decesseurs , pour faire gens
neufs : pource qu'ils mettent

trop à mourir. Ils brouilleront les gens d'Eglise sur le fait de leurs Benefices : afin que pour le moins ils en tirent recompense, pour enrichir quelqu'un, à l'appetit, le plus de fois, de ceux qui ne l'ont point desservi, ¹sinon en deshonneur & diffame : qui en aucun temps peut beaucoup. Aux Nobles donneront travail, & despense sans cesse, sous couleur de leurs guerres, prises à volonté sans advis, ou conseil de leurs Estats, & de ceux qu'ils deussent appeller, avant que les commencer, car ce sont ceux, qui y ont à employer leurs personnes & leurs biens : parquoy ils en deussent bien sçavoir, avant que l'on les commençast. De leurs peuples, à la pluspart ne leur laissent rien : Et apres avoir payé tailles, trop plus grandes qu'ils ne

¹ & d'hommes & de femmes qui en aucun temps peuvent beaucoup, & qui ont credit. V.

ne deuſſent : encores ne donnent aucun ordre ſur la forme
de vivre de leurs gen-d'armes :
leſquels ſans ceſſe ſont par le
païs, ſans rien payer, faiſans les
autres maux & excez infinis ,
que chacun de nous ſçait : car
ils ne ſe contentent point de la
vie ordinaire, & de ce qu'ils
trouvent chez le laboureur,
dont ils ſont payez : ains au
contraire, battent les pauvres
gens, & les outragent ; & con-
traignent d'aller chercher
pain , vin , & vivres dehors.
Et ſi le bon homme a femme
ou fille, qui ſoit belle, il ſera
que ſage de la bien garder.
Toutesfois, puis qu'il y a paye-
ment , il ſeroit bien aiſé à y
mettre ordre : & que les gen-
d'armes fuſſent payez de deux
moix en deux mois, pour le
plus tard : & ainſi n'auroient
point d'excuſe de faire les
G 4   maux

maux , qu'ils font , fous couleur de n'eſtre point payez :
car l'argent eſt levé , & vient au
bout de l'an. Je di ceci pour
noſtre Royaume : qui eſt plus
oppreſſé & perſecuté de ce cas
que nul autre Royaume , ne
nulle autre Seigneurie , que je
cognoiſſe , & ne ſçauroit nul y
mettre le remede, qu'un ſage
Roy. Les autres païs voiſins
ont autre punition.

France oppreſſée de taille plus que tout autre royaume.

Doncques , pour continuer
mon propos , y a-il Roy ne
Seigneur ſur terre , qui ait pouvoir , outre ſon domaine, de
mettre un denier ſur ſes ſubjets , ſans octroy & conſentement de ceux qui le doivent
payer ? ſinon par tyrannie
ou violence ? On pourroit
reſpondre qu'il y a des
faiſons qu'il ne faut pas attendre l'aſſemblée & que la
choſe ſeroit trop longue. A
com-

Qu'un Prince ne doit rien lever ſur ſes ſub-jets , ſans leur conſentement.

commencer la guerre , & à
l'entreprendre, ne se faut point
tant haster , & a l'on assez
temps : & si vous di que les
Roys & Princes en sont trop
plus forts , quand ils l'entre-
prennent du consentement de
leurs subjets , & en sont plus
craints de leurs ennemis. Et
quand ce vient à se defendre,
on voit venir cette nuée de
loin , & specialement quand
c'est d'estrangers: & à cela ne
doivent les bons subjets rien
plaindre ne refuser : & ne sçau-
roit advenir cas si soudain , où
l'on ne puisse bien appeller
quelques personnages , tels
que l'on puisse dire , Il n'est
point fait sans cause : & en cela
n'user point d'affection , ni
entretenir une petite guerre à
volonté, & sans propos , pour
avoir cause de lever argent. Je
sçay bien qu'il faut argent pour

1 V. de
fiction.
En An-
gleterre
moins de
desordre
par les
guerres
qu'ail-
leurs.

G 5   de-

defendre les frontieres : Et les
environs garder, quand il n'eſt
point de guerre, pour n'eſtre
ſurprins, mais il faut faire le
tout moderément, & à tou-
tes ces choſes ſert le ſens du ſage Prince : car s'il eſt bon, il
cognoiſt qui eſt Dieu, & qui
eſt le monde, en ce que il doit
& peut faire & laiſſer. Or ſelon mon advis, entre toutes les
Seigneuries du monde, d'ont
j'ay cognoiſſance, où la choſe
publique eſt mieux traictée,
& où il y a moins de violence
ſur le peuple, & où il y a moins
d'edifices abbatus, ni demolis
pour guerre, c'eſt Angleterre,
& tombe le ſort & le malheur
ſur ceux, qui font la guerre.

Que le Roy de France eſt le plus obeï Prince du monde. Noſtre Roy eſt le Seigneur
du monde, qui le moins a cau-
ſe d'uſer de ce mot de dire, J'ay
privilege de lever ſur mes ſubjets ce qui me plaiſt : car ne lui,
ni

ni autre l'a, & ne lui font nul
honneur ceux qui ainſi le
dient, pour le faire eſtimer
plus grand, mais le font haïr &
craindre aux voiſins, pour riens
ne voudroient eſtre ſous ſa Seigneurie. Mais ſi noſtre Roy,
ou ceux, qui le veulent ¹ louër   ₁ v. eſ-
& agrandir, diſoient: J'ay des   lever.
ſubjets ſi bons & loyaux, qu'ils
ne me refuſent choſe que je
leur ſçache demander: & ſuis
plus craint, obeï & ſervy de
mes ſubjets, que nul autre
Prince qui vive ſur la terre, &
qui plus patiemment endurent
tous maux & toutes rudeſſes,
& à qui moins il ſouvient de
leurs dommages paſſez, il me
ſemble que cela lui ſeroit grand
los (& en di la verité) non pas
dire: Je pren ce que je veux,
& en ay privilege: Il me le
faut bien garder. Le Roy Char-   Charles
les le Quint ne le diſoit pas.   le Quint
　　　　　G 6   Auſſi   ſage Roy.

Auffi ne l'ay-je point ouï dire
aux Roys : mais je l'ay bien ouï
dire à de leurs ferviteurs : à qui
il fembloit qu'ils faifoient bien
la befongne : mais felon mon
advis, ils mefprenoient envers
leur Seigneur : & ne le difoient
que pour faire les bons valets :
& auffi que ils ne fçavoient
qu'ils difoient. Et pour parler
de l'experience de la bonté des
François, ne faut alleguer de
noftre temps que les trois Eftats tenus à Tours, apres le de-
ceds de noftre bon maiftre le
Roy Louïs onziéme (à qui
Dieu face pardon) qui fut l'an
1483. L'on pouvoit eftimer
lors que cette bonne affemblée
eftoit dangereufe : & difoient
aucuns de petite condition &
de petite vertu, & ont dit par
plufieurs fois depuis, que c'eft
crime de lefe majefté, que de
parler d'affembler les Eftats,
&

Bonté des François aux eftats de Tours fous Charles VIII.

& que c'eſt pour diminuer
l'autorité du Roy: & ce ſont
ceux-la qui commettent ce crime envers Dieu & le Roy, &
la choſe publique : mais ſervoient ces paroles, & ſervent,
à ceux qui ſont en autorité &
credit, ſans en rien l'avoir merité, & qui ne ſont propices
d'y eſtre, & n'ont accouſtumé
que de flageoller en l'oreille &
parler des choſes de peu de valeur & craignent les grandes
aſſemblées, de peur qu'ils ne
ſoient cognus, ou que leurs
œuvres ne ſoient blaſmées.
Lors que je di, chacun eſti-
moit le Royaume bien atte-
nué, tant des grands que des
moyens, & que des petits:
pource qu'ils avoient porté &
ſouffert, & vingt ans ou plus,
de grandes & horribles tailles:
qui ne furent jamais ſi grandes
à trois millions de francs prés.

G 7   J'en-

J'enten à lever tous les ans.

Difference de ce que Charles VII le voit, au prix de Louïs XI.

Car jamais le Roy Charles feptiéme ne leva plus de dixhuict cens mille francs par an : & le Roy Louïs, fon fils, en levoit, à l'heure de fon trefpas, quarante & fept cens mille francs, fans l'artillerie & autres chofes femblables. Et feurement c'eftoit compaffion de voir ou fçavoir la pauvreté du peuple. Mais un bien avoit en lui noftre bon maiftre : c'eft qu'il ne mettoit rien en threfor. Il prenoit tout , & defpendoit tout: & fit de grands edifices , à la fortification & defenfe des villes & places de fon Royaume: & plus que tous les autres Roys qui ont efté devant lui. Il donna beaucoup aux Eglifes. En aucunes chofes euft mieux vallu moins : car il prenoit des pauvres pour le donner à ceux qui n'en avoient

aucun

aucun befoin. Au fort, en
nul n'a mefure parfaite en ce
monde.

Or en ce Royaume tant foible & tant oppreffé en mainte
forte, apres la mort de noftre
Roy y eut-il divifion du peuple
contre celui qui regne ? Les
Princes & les fubjets fe mi-
rent-ils en armes contre leur
jeune Roy ? & en voulurent-
ils faire un autre ? lui voulurent-ils ofter fon autorité ? &
le voulurent-ils brider, qu'il ne
peut ufer d'autorité de Roy ?
Certes non. Et comment auffi
le pouvoient-ils faire ? Si en y
a il eu d'affez glorieux pour dire, Qu'oui. Toutesfois ils firent l'oppofite de tout ce que
je demande : car tous vindrent
devers lui, tant les Princes &
les Seigneurs, que ceux des
bonnes villes. Tous le recog-
neurent pour leur Roy, & lui
                              firent

Exemple de la grande obeiffan-ce & bonté des François, par ce que ils firent à Charles VIII, en fon âge de 13 ans, apres la mort de fon pere.

firent serment & hommage :
& firent les Princes & Seigneurs leur foy, humblement,
les genoux à terre, en baillant
par requeste ce qu'ils deman-
doient : & dressèrent conseil
(où ils firent compagnons de
douze qui y furent nommez)
& deslors le Roy comman-
doit, qui n'avoit que traize ans,
à la relation de cedit Conseil.
A la dite assemblée des Estats
dessusdits furent faites aucunes requestes & remonstrances en la presence du Roy &
de son Conseil, en grand'humilité, pour le bien du Royaume, remettant tousjours tout
au bon plaisir du Roy, & de
sondit Conseil. Lui octroye-
rent ce qu'on leur vouloit demander, & ce qu'on leur mon-
tra par escrit estre necessaire
pour le fait du Roy, sans rien
dire à l'encontre : & estoit la
somme

somme demandée de deux mi-
lions cinq cens mille francs
(qui estoit assez [1] au cœur , [V.]
saoul , & plus trop que peu, & à
sans autres affaires) & supplie-
rent lesdits Estats qu'au bout
de deux ans ils fussent rassem-
blez : & que si le Roy n'avoit
assez d'argent qu'ils lui en bail-
leroient à son plaisir, & que s'il
avoit guerres , ou quelqu'un
qui le vousist offenser ils y met-
troient leurs personnes & leurs
biens , sans rien lui refuser de
ce qui lui seroit besoin. [2] Estoit
ce sur tels subjets que le Roy
doit alleguer privileges de
pouvoir prendre à son plaisir,
qui si liberalement lui donnent ; Ne seroit-il pas plus juste , envers Dieu & le monde,
de lever par cette forme que
par volonté desordonnée ; car
nul Prince ne le peut autrement lever , que par octroy
(com-

[1] V.

[2] V. Est-
ce donc.

(comme dit eſt) ſi ce n'eſt par
tyrannie , & qu'il ſoit excom-
munié. Mais il en eſt bien d'aſſez beſtes , pour ne ſçavoir ce
qu'ils peuvent faire ou laiſſer
en cet endroit.

Auſſi bien y a-il des peuples
qui offenſent contre leur Seigneur, & ne lui obeïſſent pas,
ni ne le ſecourent en ſes neceſſitez : mais en lieu de lui aider,
quand ce vient és affaires , ils
le meſpriſent, & ſe mettent en
rebellion & deſobeïſſance
contre lui , en commettant &
venant contre le ferment de fidelité qu'ils lui ont fait. Là où
je nomme Roys & Princes ,
j'enten d'eux ou de leurs Gouverneurs : Et pour les peuples, ceux qui ont les preémi-
nences & maiſtriſes ſous eux.

Que les
plus
grands
maux

Les plus grands maux viennent volontiers des plus forts :
car les foibles ne cherchent que
pa-

patience. Icy compren les femmes, comme les hommes,
quelquefois, & en aucuns
lieux, quand elles ont autorité
ou maiſtriſe, ou pour l'amour
de leurs maris, ou pour avoir
adminiſtration de leurs affaires, ou que leurs Seigneuries
viennent de par elles. Et ſi je
voulois parler des moyens
eſtats de ce monde, & des petits, ce propos continuëroit
trop, & me ſuffit alleguer les
grands : car c'eſt par ceux là où
l'on cognoiſt la puiſſance de
Dieu, & ſa juſtice : car pour
deux cens mille meſchefs advenus à un pauvre homme, on
ne s'en adviſe : car on attribuë
tout à ſa pauvreté, ou à avoir
eſté mal penſé : ou s'il s'eſt noyé
ou rompu le col, c'eſt pource
qu'il eſtoit ſeul. A grand' peine
en veut on ouïr parler. Quand
il méchet à une grande cité, on
ne

(marginal notes:) viennent volon-tiers des plus forts, & qu'ils font les moins punis par les hommes.

Pour-quoy les chaſti-mens de Dieu font

plus re-
marqua-
bles fur
grands
que fur
petits.

ne dit pas ainſi : mais encores
n'en parle-on point tant que
des Princes. Il faut doncques
dire pourquoy la puiſſance de
Dieu ſe monſtre plus grande
contre les Princes & les
grands, que entre les petits :
c'eſt que les petits & les pauvres trouvent aſſez qui les pu-
niſſent, quand ils font le pourquoy : & encores ſont aſſez
ſouvent punis, ſans avoir rien
fait : ſoit pour donner exemple aux autres, ou pour avoir
leurs biens, ou paradvanture
par la faute du Juge : & aucu-
nesfois l'ont bien deſſervi, &
faut bien que juſtice ſe face.
Mais des grands Princes, &
des grandes Princeſſes, de
leurs grands Gouverneurs, &
des Conſeillers des Provinces
& villes deſordonnées, & deſ-
obeïſſantes à leur Seigneur, &
de leurs Gouverneurs, qui s'in-
for-

formera de ¹leur vice? L'infor- ₁ v.leurs
mation faite, qui l'apportera vices.
au Juge? Qui fera le Juge qui
en prendra la cognoiffance, &
qui en fera la punition? Je di
des mauvais & n'enten point
des bons: mais il en eft peu. Et
quelles font les caufes pourquoi ils commettent, & eux,
& tous autres, tous ces cas
dont j'ay parlé ici deffus, & affez d'autres dont je me fuis teu
pour briefveté, fans avoir con-
fideration de la puiffance divine & de fa juftice? En ce cas Que fau-
je di que c'eft faute de foy, & te de Foy
aux ignorans faute de fens & eft caufe
de foy enfemble, mais princi- de tous
palement faute de foy, dont il maux.
me femble que procedent tous
les maux qui font par le monde, & par efpecial les maux
qu'ont partie de ceux qui fe
plaignent d'eftre grevez & fou-
lez d'autrui, & des plus forts.
       Car

Car l'homme pauvre ou riche
(quel qu'il soit) qui auroit
vraye & bonne foy , & qui
croiroit fermement les peines
d'enfer estre telles que veritablement elles sont , qui aussi
croiroit avoir pris de l'autrui
à tort , ou que son pere ou son
grand-pere l'eust pris , & lui
possedast (soient Duchez,
Comtez, Villes ou Chasteaux,
meubles, pré, estang, ou mou-
lin, chacun en sa qualité) &
qu'il creust fermement (comme le devons croire) je n'en-
treray jamais en Paradis, si je
ne fai entiere satisfaction , &
si je ne rend ce que j'ay ¹ de tel,
il n'est croyable qu'il y eust
Prince ou Princesse au monde,
ni autre personne quelconque,
de quelque estat ou condition
qu'ils soient en ce monde, tant
grands que petits,& tant hommes que femmes, gens d'Eglise,

¹ d'au-
rui.

fe, Prelats, Evefques, Arche-
vefques, Abbez, Abbeffes,
Prieûrs, Curez, Receveurs des
Eglifes, & autres vivans fur
terre, qui à fon vray & bon ef-
cient, comme dit eft deffus,
voufift rien retenir de fon fubjet, ne de fon voifin, ne qui voufift faire mourir nul à tort, ne le
tenir en prifon, ni ofter aux
uns pour donner aux autres,
& les enrichir, ne, qui eft le
plus ord meftier qu'ils facent,
procurer chofes deshonneftes
contre fes parens & ferviteurs
pour leurs plaifirs, comme
pour femmes, ou cas fembla-
ble. Par ma foy non, au moins
n'eft pas croyable. Car s'ils
avoient ferme foy, & qu'ils
creuffent ce que Dieu & l'Eglife nous commande, fur peine
de damnation, cognoiffans les
jours eftre fi briefs, les peines
d'enfer eftre fi horribles, &
fans

sans nulle fin ne remission pour les damnez; ils ne feroient pas ce qu'ils font. Il faut donc conclurre que tous les maux viennent de faute de foy. Et pour exemple, quand un Roy ou un Prince, est prisonnier, & qu'il a peur de mourir en prison, a-il rien si cher au monde qu'il ne baillast pour sortir? il baille le sien & celui de ses subjets, comme vous avez veu du Roy Jean de France, pris par le Prince de Galles à la bataille de Poictiers, qui paya trois millions de francs, & bailla toute Aquitaine (au moins ce qu'il en tenoit) & assez d'autres citez, villes, & places, & comme le tiers du Royaume: & mit le Royaume en si grande pauvreté, qu'il y avoit long temps monnoie comme de cuir, qui avoit un petit clou d'argent. Et tout ceci bailla le Roy

Exemple de l'amour de soy-mesme par le Roy Jean de France.

Monnoie comme de cuir

Roy Jean, & son fils le Roy en Fran-
Charles le Sage, pour la deli- ce, à l'oc-
vrance dudit Roy Jean : & casion de
la rençon
quand ils n'eussent rien voulu du Roy
bailler, si ne l'eussent point les Jean.
Anglois fait mourir : mais au
pis venir, l'eussent mis en prison : & quand ils l'eussent fait
mourir, si n'eust esté la peine
semblable à la cent milliéme
partie de la moindre peine
d'enfer. Pourquoy doncques
bailloit-il tout ce que j'ay dit,
& destruisoit ses enfans, &
subjets de son Royaume, sinon
pource qu'il croyoit ce qu'il
voyoit : & qu'il sçavoit bien
qu'autrement ne seroit deli-
vré ? Mais paradvanture, en
commettant les cas pourquoy
cette punition lui advint, & à
ses enfans, & à ses subjets, il
n'avoit point ferme foy &
creance de l'offense qu'il com-
metoit contre Dieu & son

H   com-

commandement. Or n'eſt-il
Prince, ou peu, s'il tient une
ville de ſon voiſin, qui pour
crainte de Dieu la vouſiſt bailler, ni pour éviter les peines
d'enfer : & le Roy Jean bailla
ſi grand' choſe, pour delivrer
ſadite perſonne de priſon.

Qui fera
informa-
tion ſur
les
grands &
qui en ſe-
ra le Ju-
ge pour
les pau-
vres.

J'ay donc demandé, en un ar-
ticle precedent, qui fera information des grands ? & qui la
portera au Juge ? & qui ſera le
Juge qui punira les mauvais ?
L'information ſera la plainte &
clameurs du peuple qu'ils fou-
lent & oppreſſent en tant de
manieres, ſans en avoir com-
paſſion ne pitié. Les doulou-
reuſes lamentations des vefves
& orphelins, dont ils auront
fait mourir les maris & peres,
dont ont ſouffert ceux qui demeurent apres eux : generale-
ment tous ceux qu'ils auront
perſecutez tant en leurs per-
ſon-

fonnes qu'en leurs biens. Cecí
fera l'information par leurs
grands cris, & par plaintes &
piteufes larmes.: & les prefen-
teront devant noftre Seigneur,
qui fera le vray Juge : qui paradvanture ne voudra attendre
à les punir en l'autre monde :
mais les punira en ceftui-cy.
Dont faut entendre qu'ils feront punis, pour n'avoir rien
voulu croire, & pource qu'ils
n'auront eu ferme foy & croyâ-
ce és commandemens de Dieu.

Ainfi faut dire qu'il eft force
que Dieu monftre de tels
poinûs & de tels fignes,
qu'eux, & tout le monde,
croiront que les punitions leur
adviennent pour leurs mauvaifes creances & offenfes : & que
Dieu monftre contre eux fa
force, & fa vertu & juftice : car
nul autre n'en a le pouvoir en
ce monde que lui. De prime

face,

face , pour les punitions de
Dieu, ne se corrigent point,
de quelque grandeur que elles
soient,& à trait de temps: mais
nulle n'en advient à nul Prince, ou à ceux qui ont gouvernement sur ses affaires, ou sur
ceux qui gouvernent une
grand' communauté, que l'issuë
n'en soit bien grande & bien
dangereuse pour les subjets. Je
n'appelle point en eux males
fortunes, sinon celles dont les
subjets se sentent : car de tomber jus d'un cheval , & se rom-
pre une jambe , & avoir une
fiévre bien aspre, l'on s'en gua-
rit : & leur sont telles choses
propices, & en sont plus sages:

Dieu di-
minuë le
sens aux
Princes ,
pour
com-
mencer
à les ju-
ger.

Les males advantures sont ,
quand Dieu est tant offensé,
qu'il ne le veut plus endurer,
mais veut monstrer sa force &
sa divine justice, & alors premierement leur diminuë le
                              sens,

fens, qui eſt grand' playe pour
ceux à qui il touche. Il trouble
leur maiſon, & la permet tomber en diviſion, & en murmu-
re. Le Prince tombe en telle indignation envers noſtre Seigneur, qu'il fuit les conſeils &
compagnies des ſages, & e :
eſleve de tous neufs, mal ſages,
mal raiſonnables, violens, flateurs, & qui lui complaiſent à
ce qu'il dit. S'il faut impoſer
un denier, ils diſent deux. S'il
menace un homme, ils diſent
qu'il le faut pendre, & de toutes autres choſes, le ſemblable:
& que ſur tout il ſe face craindre : & ſe monſtrent fiers &
orgueilleux eux-meſmes eſpe-
rant qu'ils feront craints par ce
moyen: comme ſi autorité eſtoit leur heritage.

Ceux que tels Princes au-
ront ainſi avec ce conſeil chaſſez & deboutez, & qui par longues

gues années auront fervi, & qui
ont accointance & amitié en fa
terre, font mal contens, & à
leur occafion quelques autres
de leurs amis & bien-vueillans:
& paradvanture on les voudra
tant preffer, qu'ils feront con-
traints à fe defendre, ou de fuïr
vers quelque voifin, paradvanture ennemi, & mal-vueil-
lant de celui qui les chaffe : &
ainfi, par divifion de ceux de
dedans le païs, y entreront ceux
de dehors.

Guerre entre les amis la plus cruelle de toutes.

Eft-il nulle playe ne perfe-
cution fi grande, que guerre
entre les amis & ceux qui fe cognoiffent, ne nulle haine fi
horrible & mortelle? Des ennemis eftrangers, quand le dedans eft uni, on s'en defend aifément: car ils n'ont nulles in-
telligences ni accointances à
ceux du Royaume. Cuidez-
vous qu'un Prince mal fage,
fole-

folement accompagné , co-
gnoiſſe venir cette male fortune de loin , que d'avoir diviſion entre les ſiens , ne qu'il
penſe que cela lui puiſſe nuire ?
ne qu'il vienne de Dieu ? Il ne
s'en trouve point pis diſné , ne
pis couché , ne moins de chevaux, ne moins de robbes: mais
beaucoup mieux accompagné:
car [1] il tire les gens de leur pauvreté , & depart les deſpouïlles
& les eſtats de ceux qu'il aura
chaſſez , [2] & du ſien pourra accroiſtre ſa renommée. A l'heure
qu'il y penſera le moins , Dieu
lui fera ſourdre un ennemi,
dont paradvanture jamais il ne
ſe fuſt adviſé. Lors lui naiſtront
les penſées & les ſuſpicions de
ceux qu'il aura offenſez: & aura
crainte d'aſſez de perſonnes,
qui ne lui veulent aucun mal
faire. Il n'aura point refuge à
Dieu : mais preparera ſa force.

[1] V. il attire les gens & leur promet & depart.

[2] V. & donne du ſien pour accroiſtre &c

H 4　　Avons-

Avons-nous point veu de noftre temps , tels exemples ici prés de nous ? Nous avons veu le Roy Edoüard d'Angleterre, le quart, mort depuis peu de temps , Chef de la maifon d'Yorch. A-il point desfait la lignée de Lanclaftre , fous qui fon pere & lui avoient long temps vefcu , & fait hommage au Roy Henry cinquiéme, Roy d'Angleterre , de cette dite lignée ? Depuis le tint ledit Edoüard , par longues années , en prifon , au chafteau de Londres , ville capitale dudit Royaume d'Angleterre , & puis finalement l'ont fait mourir.

Avons-nous pas veu le Comte de Vuarvic, chef & principal Gouverneur de tous les faits du deffusdit Edoüard (lequel a fait mourir tous fes ennemis , & par efpecial les Ducs

Ducs de Sombreſſet) à la fin
devenir ennemi du Roy E-
doüard ſon maiſtre ? donner ſa
fille au Prince de Galles , fils
du Roy Henry , & vouloir
mettre ſus , cette lignée de
Lanclaſtre ? paſſer avec lui en
Angleterre ? eſtre deſconfit en
bataille ? & morts ſes freres &
parens avec lui ? & ſemblable-
ment pluſieurs Seigneurs d'Angleterre : qui un temps fut
qu'ils faiſoient mourir leurs ennemis ? Apres les enfans de
ceux-là ſe revenchoient, quand
le temps tournoit pour eux :
& faiſoient mourir les autres.
Il eſt à penſer que telle playe
ne vient que par la divine juſtice : mais (comme j'ai dit ailleurs) cette grace a ce Royaume d'Angleterre , par deſſus
les autres Royaumes , que le
païs , ne le peuple , ne s'en de-
ſtruit point , ni ne bruſlent , ni
H 5   ne

ne démoliffent les edifices : &
tourne la fortune fur les gens
de guerre, & par efpecial fur
les Nobles : contre lefquels ils
font trop envieux. Auffi riens

**Change-
ment ef-
trange en
la per-
fonne &
maifon
du Roy
Edoüard.**

n'eft parfaict en ce monde.
Apres que le Roy Edoüard a
efté au deffus de fes affaires en
fon Royaume, & qui de noftre
Royaume avoit cinquante mille efcus l'an, rendus en fon
chafteau de Londres, & qu'il
eftoit tant comblé de richeffes
que plus n'en pouvoit, tout
foudainement il eft mort, &
comme par melancholie du
mariage de noftre Roy (qui
regne à prefent) avec Madame Marguerite, fille du Duc
d'Auftriche : & tantoft apres
qu'il en eut des nouvelles, il
prit la maladie : car lors fe tint
à deceu du mariage de fa fille,
qu'il faifoit appeller Madame
la Dauphine : & fi lui fut rompuë

puë la penſion qu'il prenoit de nous : qu'il appelloit tribut : mais ce n'eſtoit ne l'un ne l'autre : & l'ay declaré deſſus.

Le Roy Edoüard laiſſa à ſa femme deux beaux fils : l'un appellé le Prince de Galles, l'autre le Duc d'Yorch , & deux filles. Le Duc de Cloceſtre , ſon frere , prit le gouvernement de ſon nepveu le Prince de Galles (lequel pouvoit avoir dix ans) & lui fit hommage, comme à ſon Roy : & l'emmena à Londres , feignant le vouloir couronner , pour tirer l'autre fils de ſa franchiſe de Londres : où il eſtoit avec ſa mere : qui avoit quelque ſuſpicion. Fin de conte, par le moyen d'un Eveſque de
ᵃ Bas (lequel avoit eſté autre-

H 6.

Eveſ-
que de
Bac ma-
fois r Polydore Verg:
lin contre la race d'Edoüard: parle d'une autre machination contre la propre mere de ces deux Roys , & comme le compagnon de Richard en cela , Rodulphus , Shaus.

fois Conseiller du Roy E-
doüard) puis le desappointa,
& le tint en prison, & print argent de sa delivrance, il fit l'ex-
ploict dont vous orrez tantost
parler: Cestui Evesque mit en
avant à ce Duc de Clocestre,
que ledit Roy Edoüard estant
fort amoureux d'une Dame
d'Angleterre lui promit de l'es-
pouser : pourveu qu'il cou-
chast avec elle. Ce qu'elle con-
sentit : & dit cét Evesque qu'il
les avoit espousez : & n'y avoit
que lui & eux deux. Il estoit
homme de Cour, & ne le des-
couvrit pas: & aida à faire taire
la Dame: & demeura ainsi cette chose : & depuis espousa ledit Roy Edoüard la fille d'un
Chevalier d'Angleterre (appellé monseigneur de Rivieres) femme vefve (qui avoit
deux fils) & aussi par amou-
rettes. A cette heure, dont je
parle,

parle, cét Evesque de Bas des-
couvrit cette matiere à ce Duc
de Cloceftre : dont il lui aida
bien à executer son mauvais
vouloir : & fit mourir ces deux
nepveux, & se fit Roy, appellé
Roy Richard. Les deux filles
fit declarer baftardes en plein
Parlement : & leur fit ofter les
¹ Hermines : & fit mourir tous
les bons ferviteurs de son feu
frere : au moins ceux, qu'il
peuft prendre. Cette cruauté
n'alla pas loin : car lui eftant
en plus grand orgueil que ne
fut cent ans avoir Roy d'Angleterre, & avoit fait mourir
le Duc de Boucquinguan, &
tenoit grand' armée prefte,
Dieu lui fourdit un ennemi,
qui n'avoit nulle force : c'eftoit
le Comte de Richemont, pri-
fonnier en Bretagne, aujour-
d'hui Roy d'Angleterre, de la
lignée de Lanclaftre, mais non

Roy
Richard
de Angl.

1 V. ar-
mes.

Comte
de Ri-
chemont
longue-
ment pri-
fonnier
en Bret.
devenu
Roy
d'Angl.

H 7   pas

pas le prochain de la Couronne (quelque chose que l'on die
au moins que j'entende) lequel
m'a autrefois conté, peu avant
qu'il partist de ce Royaume,
que depuis l'âge de cinq ans il
avoit esté gardé & caché comme fugitif en prison. Ce Comte avoit esté quinze ans, ou en-
viron, prisonnier en Bretagne,
du Duc François dernier mort:
esquelles mains il vint par
tempeste de mer, cuidant fuïr
en France, & le Comte de
Pennebroth, son oncle, avec
lui. J'estoye pour lors devers
ledit Duc, quand ils furent
pris. Le dit Duc les traita doucement pour prisonniers : &
au trespas du Roy Edoüard,
ledit Duc François lui bailla
largement gens & navires: &
avecques l'intelligence du dit
Duc de Boucquinguan : qui
pour telle occasion mourut,
l'en-

l'envoya pour defcendre en
Angleterre. Il eut grande tour-
mente & vent contraire, & re-
tourna à Dieppe, & de là par
terre en Bretagne. Quand il
fut retourné en Bretagne, il
douta d'ennuyer le Duc par fa
defpenfe (car il avoit quelques
cinq cens Anglois) & fi crai-
gnoit que ledit Duc ne s'accor-
daft avecques le Roy Richard,
à fon dommage : & aufli on le
pratiquoit de deça : parquoy
s'en vint avec fa bande, fans
dire adieu audit Duc. Peu de
temps apres, on lui paya trois
ou quatre mille hommes, pour
le paffage feulement : & fut
Baillée, par le Roy qui eft de
prefent, à ceux qui eftoient
avecques lui, une bonne fom-
me d'argent, & quelques pieces d'artillerie : & ainfi fut conduit avec le navire de Normandie, pour defcendre en
Gal.

Galles, dont il estoit. Ce Roy
Richard marcha au devant de
lui, mais avec ledit Comte de
Richemont s'estoit joint le
Seigneur de Stanley, un Chevalier d'Angleterre, mary de la
mere dudit Comte de Richemont, qui lui amena bien
vingt & six mille hommes. Ils
eurent la bataille, & fut occis
sur le champ, ledit Roy Richard, & ledit Comte de Richemont couronné Roy d'Angleterre, sur ledit camp, de
la couronne dudit Roy Ri-
chard. Diriez-vous que c'est
ceci fortune? c'est vray jugement de Dieu. Encores pour
mieux le cognoistre, tantost
apres qu'il eut fait ce cruel
meurtre de ces deux nepveux,
dont cy-devant ay parlé, il per-
dit sa femme. Aucuns disent
qu'il la fit mourir. Il n'avoit
qu'un fils, lequel incontinent
mou-

Richard tué en bataille contre le Comte de Richemont devenu par ce moyen Roy d'Angl.

mourut. Ce propos, dont je
parle, euſt mieux ſervi plus en
arriere, où je parleray du treſpas dudit Roy Edoüard (car
il eſtoit encores vif au temps
dont parle mon precedent
chapitre) mais je l'ay fait pour
continuer le propos de mon
incident. Semblablement a-
vons veu depuis peu de temps
muer la couronne d'Eſpagne,
depuis le treſpas du Roy Dom
Henry dernier mort, lequel
avoit pour femme la ſœur du
Roy de Portugal, dernier treſ-
paſſé, de laquelle ſaillit une
belle fille, toutefois elle n'a
point ſuccedé, & a eſté privée
de la couronne, ſous couleur
d'adultere commis par ſa mere, & ſi n'eſt pas la choſe paſ-
ſée ſans debat & grande guerre. Car le Roy de Portugal a
voulu ſouſtenir ſa niece, &
pluſieurs autres Seigneurs du
Royau-

Royaume de Castille avec lui :
toutesfois la sœur dudit Roy
Henry, mariée avec le fils du
Roy Dom Jean d'Arragon,
a obtenu le Royaume & le pos-
fede : & ainsi ce jugement &
ce partage s'est fait au ciel, où
il s'en fait assez d'autres. Vous
avez veu puis peu de temps le
Roy d'Escosse & son fils de
l'âge de traize ans, en bataille
l'un coı ne l'autre. Le fils &
ceux de sa part gaignerent la
bataille : & mourut ledit Roy
en la place. Il avoit fait mourir son frere : & plusieurs autres cas lui estoient imposez :
comme la mort de sa sœur, &
d'autres. Vous voyez aussi la
Duché de Gueldres hors de la
lignée : & avez ouï l'ingratitu-
de du Duc dernier mort, contre son pere. Assez de pareils
cas pourroye dire , qui aisé-
ment peuvent estre cogneus
pour

Aussi mourut ce der-nier Roy d'Escosse en ba-taille.

pour divines punitions : & tous les maux feront commencez par rapport, & puis par divifions, lefquelles font fources de guerres, par lefquelles vient mortalité & famine, & tous ces maux procedent de faute de foy. Il faut doncques cognoiftre (veu la mauvaiftié des hommes, & par efpecial des Grands, qui ne fe cognoiffent, & qui ne croyent point qu'il foit un Dieu) qu'il eft neceffité que chacun Seigneur, & Prince ait fon contraire pour le tenir en crainte & humilité : ou, autrement, nul ne pourroit vivre fous eux ni aupres d'eux.

1 Tous ces mots, jufques à lefquelles, ne font point au vieil. Grands fujets à mefcognoiftre Dieu.

F I N.

Page 15. *ligne* 21. *recueillir* adjoustés des
deux epistres de Theodoric Roy d'Italie à Clovis
que Cassiodore, qui les rapporte, ¹ appelle Luduin.   P. 31. l. 19. *quoi que* lisés *comme*
l. 20. *de* lisés *des*   P. 37. l. 11. *Ecclesiastiques.* adjoustés en ligne

1 Lib. 2. ep. 41. & lib. 3. ep. 4.

En 1555, *la Cyropedie de Xenophon fut mise
de Grec en François & dediée au mesme Roy
Henri* 11, *par M. Jacques des Comtes de Vintemille Conseiller au Parlement de Dijon* ².

2 Imprimée à Lyon in 4.

P. 40. l. 7 & 8. *deviennent* lisés *devinrent*
P. 44. *en marge* 1610. lisés 1600.   P. 46.
l. 16. *Agapel* lisés *Agapet*   P. 47. l. 18. *au
deffunt Roy.* adjoustés en ligne

En 1646, *Pierre Menard fit une institution
sous le titre de* 3 Academie des Princes où les
Roys apprennent l'art de regner de la bouche des Roys, *auquel livre il y a entre autres
quelques instructions de nos Roys, comme celle
de Charles-magne à Louis le debonnaire son fils
prise de Thegaunes.* 4 *La parole de la Reyne
Blanche à S. Louïs que Joinville rapporte en ces
termes,* 5 J'aymerois trop mieux, chier fils,
vous voir mourir devant mes yeux que
vous voir commettre un seul peché mortel,
dont Dieu est tant offencé. *A quoi l'Historien adjouste que* cette divine doctrine fut si
profitable au Roy qu'il luy avoit plusieurs
fois conté qu'il ne fut jour de sa vie qu'il ne
luy en souvint. *Les Remonstrances de ce saint
Monarque à ses enfans avec son testament. Le
discours fait par le Roy Charles V en mourant
à ses*

3 Imprimée à Paris chez Cramoisi in 4.
4.V. in vita Ludovici Pii Imperatoris n. 6. tom. 2. scriptorum historiæ Francorum ab Andr.

du Chesne collectorum p. 276, 277.   5 Ch. 1. de
la premiere edition faite à Poitiers in 4.

à *ses freres pour la conduite de son fils tiré de du* *Pleix. Le dire de Louis XI, que* celui qui ne sçait pas diſſimuler ne ſçait pas regner, *mais qui ne devoit pas eſtre mis en ſi bon lieu, & que je veux croire eſtre un mot trivial qui a eſté fauſ-ſement attribué à ce Prince, puis qu'il eſt vray que ce n'eſt pas meſme la parole d'un homme d'eſprit, n'y ayant rien de ſi indigne d'un Roy de France tres Chreſtien qui a pour appanage ſpecial les vertus ſur tous les autres ſouverains, entre leſquelles la magnanimité, la franchiſe, la foy, & la candeur tiennent un rang tres honorable, que la fraude, la duplicité, le manſonge & tou-tes les autres eſpeces de la diſſimulation capables de le faire haïr & meſeſtimer non ſeulement de ſes peuples mais auſſi de tous les eſtrangers qui ne voudroient nullement ſe fier en luy.*

P. 52. l. 23. *inſtitution*, adjouſtés *& Jean Breche cy devant nommé avoit mis en François dans ſa* Doctrine du Prince. P. 53. l. 1. *un bon & mauvais* liſés *un bon & un mauvais* P. 75. *ligne penultieſme* rendrés *liſés* rendiés P. 82. l. 6. *malade.* adjouſtés Or un Prince eſt beaucoup plus obligé à toutes ces choſes là qu'un medecin. P. 97. l. *penult.* malades *liſés* maladie P. 100. l. 4. occupée *liſés* oc-cupées P. 126. l. 1. ſes miſeres *liſés* ces mi-ſeres l. 10. moy *liſés* à moy.

Le Lecteur eſt adverti de lire tout le cha-pitre 18, du livre V de Comines qui eſt icy en la page 135. ſelon l'edition de cet Au-teur faite au Louvre en 1649.